DANI & ROLAND TRETTL

KOCHEN
zu Zweit

DANI & ROLAND TRETTL

KOCHEN
zu Zweit

Unsere neuen Rezepte für noch mehr Genuss

MIT QR-CODES ZU ALLEN KOCHVIDEOS

südwest

Inhalt

Hinter den Kulissen	7
Snacks	18
Kräuter-Parmesan-Stangerl	21
Rührei spezial	22
Knusprige Arancini mit Mozzarella	25
Bosna mit Senf und Zwiebeln	26
Bruschetta mit Ofenpaprika	29
Apfelküchlein im Speck-Bierteig	30
Pimp up my Faschingskrapfen – sweet & salty	33
Vorspeisen	34
Avocado Roll mit Fenchel-Kapern-Vinaigrette	37
Senfei mit Kresse und Schneewittchen	38
Knusprige Summer Rolls mit Zucchini und Aubergine	41
Steinpilze in Kirschvinaigrette	42
Rote-Bete-Hummus mit Tempura-Zwiebeln	45
Salate & Suppen	46
Nudelsalat japanisch-mediterran	49
Herbstlicher Raclette-Salat	50
Glasnudelsalat mit Süßkartoffel und Soja-Vinaigrette	53
Romanasalat mit Räuchercreme	54
Radicchio-»Tardivo di Treviso«-Salat mit Salami und Haselnüssen	57
Lauwarmer Bohnen-Paprika-Salat mit Pancetta	58
Melonen-Avocado-Salat mit gebratenen Garnelen	61
Süßkartoffelsuppe mit Venusmuscheln und Pak Choi	62
Spicy Polentasuppe mit Räucherforelle	65
Hühnersuppe mit Hummus und Avocado	66
Asiatische Suppe mit Hackfleisch und Erdnuss	69
Gerstlsuppe mit Aal	70
Pasta & Co.	72
Fusilli mit Mortadella und Pistazien	75
Spaghetti Carbonara	76
Spaghettini mit Speck und Kürbiskernöl	79
Pasta mit Avocado und Burrata	80
Castellane mit Cima di Rapa	83
Mac and Cheese	84
Pizza Calzone	87
Hauptdarsteller Geflügel	88
Huhn mit Miso, Schmorgemüse und Kumquats	90
Gegrillte Wachteln mit Soja-Lack	93
Hühnerbrust mit gratiniertem Chicorée	94
Korean Chicken mit Chinakohlsalat	97
Hauptdarsteller Schwein & Rind	98
Gröstl Restlküche	100
Blutwurstknödel	103
Wiener Schnitzel mit Petersilienkartoffeln und Gurkensalat	104

Cordon bleu	107
Rib-Eye-Steak mit Pfefferkruste	108
Hackbällchen mit Süßkartoffeln und Ananas	111
Der allerbeste Burger mit Erdnusssauce	112
Gefüllte Champignons	117
Rindergulasch mit Navetten	118

Hauptdarsteller Fisch & Meeresfrüchte 120

Weltbeste Paella	122
Reis-Bowl mit Ananas und Tuna	125
Safran-Fenchel-Risotto mit Steinbutt	126
Lachs im Tramezzino-Mantel	129
Gebeizter Lachs mit Kohlrabi-Melonen-Salat & Popcorn-Vinaigrette	130
Kohlrabi tonnato	133
Forelle mit Soja-Meerrettich-Marinade	134
Thunfisch mit Asia-Salat	137
Fischpflanzerl mit Nori-Zitronen-Mayo	138
Seezunge mit Speckkartoffeln	141
Gratinierter Oktopus	142
Calamari mit Kürbis und Fenchel	145
Tomaten-Arme-Ritter mit Garnelen	146

Hauptdarsteller Gemüse 150

Gegrillter Spargel mit Bio-Sojasauce-Hollandaise	152
Gebratene Brösel-Kartoffeln mit Soja-Mayo	155
Gebratener Rosenkohl mit Speck und Curry	156
Shakshuka mit Wachteleiern	159
Gebratener Butter-Blumenkohl mit Miso	160
Kürbis-Puntalette	163
Polenta mit Spinat und Gorgonzola	164
Rote-Bete-Risotto mit Graukäse	167
Tortilla mit Lauch und Spargel	168
Linsencreme mit gegrillten Auberginen	171
Rote-Bete-Spätzle mit Äpfeln und Walnüssen	172
Grießnockerl mit Tomatensalat	175
Schlutzkrapfen	176
Zwiebeln im Salzteig	179
Erdäpfelbärlauchblattln mit Senfmayo	180
Gebackene Ziegenmilch mit Steinpilzen	183

Nachspeisen 184

Der weltbeste Bratapfel	186
Südtiroler Strauben	189
Gebackene Bananen	190
Milchreis	193
Topfen-Soufflé mit Rhabarber und Erdbeeren	194
Apfel-Heidelbeer-Kuchen	197
Gezogener Apfelstrudel	198

Register	200
Produktempfehlungen	202
Impressum	208

Hinter den Kulissen

Ein Paar, das gerne isst. Ein Paar, das gerne redet. Ein Paar, das weiß, was es gern hat. Zeit, bei Dani und Roland Trettl mal nachzufragen, ob die Kulisse nicht allzu perfekt ist. Spoiler: Die Kunst, gemeinsam zu leben, besteht aus vielen Einzelteilen, die täglich neu zusammengesetzt werden müssen. Zum Beispiel in der Küche. Vor, während und nach dem Essen. Ein schonungsloser Blick in eine kulinarische Eheidylle. Und ein paar freche Fragen aus der großen »Kochen zu zweit«-Community.

Wie werdet ihr euch eigentlich einig, was gekocht wird?

Dani: Wir werden uns eh nicht einig. Er kocht einfach. Und zwar nicht, was ich gern hätte. Wenn ich etwas Besonderes haben will, muss ich richtig lang drum betteln.
Roland: Ich esse ja alles. Also alles, was Dani kocht, ich bin da total unkompliziert. Viel unkomplizierter als du. Darf ich das so sagen?

Dani schaut an die Decke.

Roland: Aber ich glaube ja an die kulinarische Weiterentwicklung. Wenn ich dann mit Pilzen oder mit Topinambur oder mit Spargel ...
Dani: Spargel mag ich. Pilze mag ich nicht. Topinambur mag ich überhaupt nicht.
Roland: ... koche, dann gebe ich ihr ja die Chance, sich kulinarisch weiterzuentwickeln.
Dani: Jaja. So sieht er das. Tatsache ist: Monsieur kocht, was er will. Und ich kann entscheiden, ob ich's mag oder nicht.

Kochen mit dem, was im Kühlschrank ist – oder extra einkaufen gehen?

Dani: Ha! Ich koch natürlich das, was im Kühlschrank ist. Das kannst du nicht.
Roland: Ich koche auch mit dem, was im Kühlschrank ist. Aber nur, wenn ich ihn vorher angefüllt habe.

Fleisch nur am Sonntag – oder wenn es beim Metzger was besonders Schönes gibt?

Dani: Bei mir gibt es sowieso viel weniger Fleisch als bei Monsieur, Sonntag hin oder her.
Roland: Bei mir gibt es ...
Dani: ... immer Fleisch.
Roland: Stimmt doch nicht.
Dani: Dann gibt es halt Fisch. Oder Krustentiere. Du kochst sehr, sehr, sehr, sehr wenig vegetarisch.
Roland: Ich sag mal so: Egal ob Fisch, Fleisch oder vegetarisch - kulinarisch sollte jeden Tag Sonntag sein.

Gemüse auf dem Markt einkaufen – oder auch im Supermarkt?

Dani: Auch im Supermarkt. Klar ist es am Markt romantischer und schöner. Aber im echten Leben ist es eher der Supermarkt.
Roland: Im echten Leben wohnen wir in einer Stadt, wo die Märkte nicht so großartig sind wie in Italien, Spanien oder Frankreich. Also greifen wir auch immer wieder auf den Supermarkt zurück.

Geht auch Tiefgefrorenes? Und wenn ja, welches?

Roland: Carabineros.
Dani: Und Eis.
Roland: Und die Eiswürfel für den Negroni.
Dani: Im Ernst: Rahmspinat.
Roland: Erbsen. Und was immer gefroren geht, sind Himbeeren. Die sind manchmal sogar aromatischer als frische.

Wer kriegt beim Kochen das Messer? Und wer den Kochlöffel?

Dani: Wir kochen nie zusammen. Sicherheitshalber. Wegen des Messers.
Roland: Wir haben lieber beides, jeder einmal. Wir sind eher so die Alleinkocher.

Wenn ihr nach Rezepten kocht – wird auch mal geschummelt?

Dani: Ja. Ich kann gar nicht nach Rezepten kochen. Ich muss sie immer verändern. Das ist zwar nicht immer sinnvoll, aber ich mach's trotzdem.
Roland: Ich koche nie nach Rezepten. Nur beim Backen bin ich total folgsam und verändere überhaupt gar nichts. Ich vertraue dem, der das Rezept gemacht hat: Und das kann Dani gar nicht.
Dani: Nö.
Roland: Sie hat insgeheim das Gefühl, dass sie noch ein bisschen mehr weiß als der, der das Rezept aufschreibt.
Dani: Nein, aber ich mache die Rezepte gern gesünder. Mehr Mandeln, weniger Mehl zum Beispiel. Klappt nicht immer, ist aber auf alle Fälle gut gemeint.

Gibt es beim Kochen was zu trinken? Und was, wenn nicht nur Wasser?

Dani: Nie. Das schaut ja immer cool und sexy aus, das Glas Wein in der Küche. Aber ich koch lieber fertig und trinke dann einen Schluck zum Essen.
Roland: Wir trinken auch zum Essen sehr wenig. Aber ich finde, wir könnten das ruhig hier und da ein bisschen mehr machen.

Wer zupft die Petersilie vom Stängel? Und wer hackt sie klein?

Roland: Wer zupft, der hackt. Und macht nachher auch das Brett sauber.
Dani: Und wäscht vorher auch die Petersilie. Also ich. Er wäscht sie nie.
Roland: Man muss auch nicht alles waschen. Sie wäscht ja sogar Himbeeren.
Dani: Nicht immer. Himbeeren sind das Einzige, was ich nicht immer wasche.

Musik beim Kochen? Und wenn ja, welche?

Dani: Ich hab gern Musik beim Kochen, viel mehr als du. Du machst nie Musik an. Ich höre total stimmungsabhängig, bunt gemischt. Mein Spotify kackt leider oft ab, weil die mit Musikvorschlägen für mich komplett überfordert sind.
Roland: Wenn ich was höre, dann lieber Podcasts oder Hörbücher. Den Swag hab ich selber.

Welches Gericht kocht Dani für dich, ohne dass du ihr reinredest?

Dani: Jedes.
Roland: Jedes. Wenn wer dreinredet, dann du mir. Ich dir nie.
Dani: Ich sage höchstens, dass ich lieber Knödel als Oktopus hätte, weil du mir das vorher versprochen hast. Sonst sage ich nichts.
Roland: Sagen wir so: Ich bin sicher mit den Gerichten, die Dani kocht, zufriedener als umgekehrt.
Dani: Weil ich für dich koche, was du gern hast. Und du kochst für mich auch, was du gern hast.

Machst du, Roland, Dani beim Kochen Verbesserungsvorschläge?

Roland: Ich habe noch keinen einzigen Verbesserungsvorschlag gemacht, wenn Dani gekocht hat.
Dani: Mit gutem Grund. Er kocht die Gerichte eher nach. Und verkauft sie dann teuer. Wir müssen ja von was leben.

Welches ist euer Lieblingsgericht?

Dani: Schwer zu sagen. Das ist Tagesverfassung.
Roland: Ich finde, es gibt ein Familienlieblingsgericht: Pollo con cebolla. Geschmortes Huhn …
Dani: … genau, mit geschmorten Zwiebeln und ganz viel Kartoffeln. Und mit besonders viel Sauce. Dann ist meine Welt in Ordnung.
Roland: Sie ist halt eine Deutsche.

Welches Gericht habt ihr als Erstes ohne Hilfe gekocht und wie alt wart ihr dabei?

Dani: Ich war auf jeden Fall jung und dumm. Ich hab dabei sogar die Küche abgefackelt, weil ich das Öl auf dem Feuer vergessen hab.
Roland: Typisch, nicht kochen können, aber gleich mal was frittieren wollen. Ich hab hingegen mit meiner Oma ganz brav einen Biskuitboden gebacken. Und ich hab dabei die Küche nicht abgefackelt.

Welches Gemüse ist besonders unterschätzt und warum findet ihr es toll?

Roland: Ganz viele Gemüse sind unterschätzt.
Dani: Fenchel.
Roland: Fenchel, Rote Bete, Radicchio trevisano. Und ganz besonders unterschätzt: Topinambur …
Dani: Ach. Topinambur muss echt nicht sein.
Roland: Ein besonders köstliches Gemüse. Und so vielfältig. Du kannst Topinambur braten, frittieren, dämpfen, Püree daraus machen, roh in den Salat geben. Das ist ja wohl ein unterschätztes Gemüse, oder?
Dani: Koch sie bitte, wenn ich nicht zu Hause bin. Allein der Geruch dieses Gemüses ist für mich purer Stress.
Roland: Wieso eigentlich?
Dani: Weil ich immer Topinambur für unseren Kleinen dämpfen musste, als er ein Baby war. Und der ist wie du: erst ruhig, wenn er was zum Essen bekommt.
Roland: Dafür koche ich heute das Abendessen. Weißt du, was es gibt?
Dani: Wie oft darf ich raten? Einmal?
Roland: Genau.

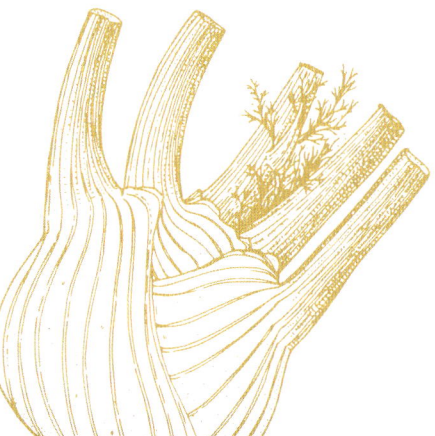

Snacks

KRÄUTER-PARMESAN-STANGERL

ZUTATEN FÜR 12 STANGERL

HEFE-BROTTEIG

- 500 g helles, glattes Weizenmehl Type 550 oder W 700
- 275 ml Wasser, Raumtemperatur
- 9 g Salz
- 10 g frische Backhefe
- 15 g weiche Butter
- 10 g Backmalz

KRÄUTERPASTE

- 35 g Gewürzmischung »Bruschetta Verde«
- 20 g Alpenkräuter-Brotgewürzmischung
- 100 ml Olivenöl

KRÄUTER-PARMESAN-STANGERL

- aufgegangener Hefe-Brotteig (siehe Teilrezept)
- etwas Weizenmehl zum Arbeiten
- Kräuterpaste (siehe Teilrezept)
- 50 g Parmesan am Stück

HEFE-BROTTEIG

Das Weizenmehl, das Wasser, das Salz, die zerkrümelte Backhefe, die weiche Butter und das Backmalz in die Rührschüssel der Küchenmaschine geben. Alles zusammen 8–9 Minuten zu einem glatten, geschmeidigen Hefeteig kneten. Oder die Zutaten mit den Händen zu einem Hefeteig kneten. Den Hefeteig zugedeckt 1 Stunde gehen lassen.

KRÄUTERPASTE

Die Gewürzmischung »Bruschetta Verde« und die Alpenkräuter-Brotgewürzmischung mit Olivenöl zu einer flüssigen Kräuterpaste verrühren.

KRÄUTER-PARMESAN-STANGERL

Rechtzeitig den Backofen auf 220 °C (Umluft) vorheizen. Auf den Backofenboden ein Blech oder eine Metallform mit Wasser stellen und mit aufheizen.

Aus dem Hefe-Brotteig Teigstücke von je 60–65 g abstechen. Die Teigstücke rund schleifen, dabei greift die hohle Hand über den Teigling und durch kreisende Bewegungen und mit ausreichend nach unten gerichtetem Druck wird der Teigling zunehmend glatt und straff. Die Teigkugeln kurz entspannen lassen.

Anschließend nach und nach auf der leicht bemehlten Arbeitsfläche zu länglichen, dreieckförmigen Teigzungen ausrollen. Die Teigzungen sollen so dünn wie möglich ausgerollt werden.

Darauf je 1 EL Kräuterpaste streichen und mit frisch geriebenem Parmesan bestreuen. Dann die Teigzungen, beginnend von der breiten Seite, straff aufrollen, dabei die gegenüberliegende Teigspitze mit der Hand fixieren und leicht ziehen.

Die Stangerl mit der Teigspitze – das ist die Verschlussstelle – nach unten auf ein mit Backpapier belegtes Backblech legen. Je nach Belieben noch etwas Parmesan über die Stangerl reiben und kurz ruhen lassen.

Das Blech in den gut vorgeheizten Backofen schieben. Sofort eine halbe Tasse Wasser auf das untere heiße Blech kippen, schnell die Backofentüre verschließen und so Dampf erzeugen.

Die Kräuter-Parmesan-Stangerl etwa 10–15 Minuten goldbraun und knusprig backen.

RÜHREI SPEZIAL

ZUTATEN FÜR 2 PERSONEN

RÜHREI SPEZIAL
- 1 Tropea-Zwiebel, ersatzweise 1 kleine weiße Zwiebel
- 1 EL Olivenöl
- 1 EL Butter
- ½ TL geschrotete Knoblauch-Flakes
- 100 g pikante Rehpfeffersalami
- 8 frische Shiitakepilze
- 15 ml Bio-Sojasauce
- 50 g Kirschtomaten
- 1 TL Chimichurri-Gewürzmischung
- Pfeffermischung »Schwarzes Gold«
- 6 Eier

BRÖTCHEN RÖSTEN
- 4 Brötchen
- etwas Butter

ANRICHTEN
- 10 g frischer Schnittlauch, fein geschnitten
- Pfeffermischung »Schwarzes Gold«

RÜHREI SPEZIAL

Die Tropea-Zwiebel putzen und fein würfeln. Das Olivenöl und die Butter in einer Pfanne erhitzen und darin die Zwiebelwürfel etwa 10 Minuten farblos dünsten und karamellisieren. Etwas getrockneten Knoblauch zugeben und mitbraten. Die Rehwurst klein würfeln und zugeben. Die Shiitakepilze putzen, klein würfeln und ebenfalls zugeben und anbraten. Alles mit Sojasauce ablöschen. Die Kirschtomaten klein schneiden und zugeben. Die Mischung mit Chimichurri-Gewürzmischung und Pfeffer würzen. Die Eier aufschlagen und zugeben. Alles behutsam mit einem Gummispatel vermengen und bei sanfter Hitze durchziehen lassen.

BRÖTCHEN RÖSTEN

In der Zwischenzeit den Kontaktgrill vorheizen und die Grillfläche mit Butter auspinseln. Die Brötchen halbieren und die Schnittflächen anrösten. Ersatzweise die Brötchenhälften in der Pfanne rösten.

Anrichten

Das Rührei spezial auf den gerösteten Brötchenhälften verteilen und mit frischem Schnittlauch und etwas Pfeffer bestreuen.

Anrichten

Die knusprigen Mozzarella-Arancini heiß anrichten und mit Halit-Gewürzsalz bestreuen. Zum Schluss etwas Limettensaft darüberträufeln und genießen.

KNUSPRIGE ARANCINI
mit Mozzarella

ZUTATEN FÜR 2 PERSONEN

RISOTTO-BÄLLCHEN
– 1 rote Spitzpaprika
– 1 EL Olivenöl
– 1 Knoblauchzehe
– 400 g klassisch gekochtes Risotto, vom Vortag
– Piment d'Espelette
– 1 EL Kapern, abgetropft
– Halit-Gewürzsalz (Salzflocken mit Piment d'Espelette)
– 1–2 Kugeln Mozzarella zum Füllen

ARANCINI AUSBACKEN
– Risotto-Bällchen (siehe Teilrezept)
– reichlich griffiges Weizenmehl zum Panieren
– 4 Eier
– reichlich Panko-Panierbrösel zum Panieren
– reichlich neutrales Pflanzenöl (z. B. Maiskeimöl) zum Ausbacken

ANRICHTEN
– Halit-Gewürzsalz (Salzflocken mit Piment d'Espelette)
– 1 Limette

RISOTTO-BÄLLCHEN

Die Spitzpaprika waschen, putzen und in kleine Würfel schneiden. Das Olivenöl in einer Pfanne erhitzen und die halbierte Knoblauchzehe sowie die Paprikawürfel zugeben.

In der Zwischenzeit das kalte Risotto in eine Schüssel geben und auflockern. Dann mit Piment d'Espelette würzen. Die Kapern klein hacken und zugeben. Die angebratenen Paprikawürfel zugeben und alles vermengen. Die Reismasse mit Halit-Gewürzsalz abschmecken.

Etwas Risotto-Masse mit nassen Händen abnehmen und leicht flach formen, mit Mozzarellawürfeln füllen und zusammenfalten, sodass der Mozzarella gut umschlossen ist. Rundherum leicht andrücken und zu gleichmäßigen runden Bällchen formen.

ARANCINI AUSBACKEN

Die Risotto-Bällchen zuerst in griffigem Weizenmehl wenden, dann durch die aufgeschlagenen Eier ziehen und zum Schluss mit Panko-Panierbröseln panieren. Reichlich Pflanzenöl in einem Topf auf 170 °C erhitzen. Die panierten Reisbällchen mit einer Schaumkelle ins heiße Pflanzenöl geben und schwimmend goldbraun ausbacken. Danach herausschöpfen und kurz auf Küchenpapier abtropfen lassen.

BOSNA
mit Senf und Zwiebeln

ZUTATEN FÜR 2 PERSONEN

SCHMORZWIEBELN MIT SENF
- 2 Zwiebeln
- 1 EL neutrales Pflanzenöl
- 1 EL Curry-Gewürzmischung
- ½ TL geschrotete Knoblauch-Flakes
- 20 ml Bio-Sojasauce
- 2 EL feiner scharfer Senf
- ½ Bund frischer Schnittlauch

BOSNA
- 4 lange Schweinsbratwürste
- 1 EL neutrales Pflanzenöl
- 2 große Fladenbrotstücke, rechteckig zugeschnitten
- Schmorzwiebeln mit Senf (siehe Teilrezept)
- 1 EL Curry-Gewürzmischung

SCHMORZWIEBELN MIT SENF

Die Zwiebeln schälen, würfeln und einige Minuten in dem Pflanzenöl farblos dünsten. Die Zwiebeln mit der Curry-Gewürzmischung und Knoblauch-Flakes pikant abschmecken. Dann mit etwas Sojasauce ablöschen und 1–2 Minuten weiterköcheln. Die heißen Schmorzwiebeln mit dem Senf in einer kleinen Schüssel vermischen. Den Schnittlauch in feine Röllchen schneiden und untermischen.

BOSNA

Die Schweinsbratwürste in Pflanzenöl rundherum gut anbraten. Währenddessen das Fladenbrot quer aufschneiden und auf dem Kontaktgrill leicht toasten. Dann mit den Schmorzwiebeln bestreichen. Je 2 gebratene Schweinsbratwürste mittig darauflegen und mit etwas Curry bestreuen. Dann einrollen und auf den Kontaktgrill legen. Etwas Wurstbratfett über den Weißbrot-Mantel träufeln, den Deckel schließen und die Bosna knusprig toasten.

Anrichten

Bosna wird klassisch mit einem länglichen Weizenbrötchen zubereitet. In das Brötchen quer eine Tasche schneiden, dann füllen und knusprig toasten.

Anrichten

Das knusprige Weißbrot in Scheiben oder Stücke schneiden und reichlich Ofenpaprika-Chutney daraufgeben. Nach Belieben etwas Parmesan darüberreiben und genießen.

BRUSCHETTA
mit Ofenpaprika

ZUTATEN FÜR 4 PERSONEN

GERÖSTETE OFENPAPRIKA
- 10 rote Spitzpaprika

OFENPAPRIKA-CHUTNEY
- 5 EL Gewürzmischung »Bruschetta grüne Olive«
- 2 EL Wasser
- 6 EL bestes Olivenöl
- geröstete Paprikafilets (siehe Teilrezept)
- 1 EL Kapern aus dem Glas, in Essigsud eingelegt
- Meersalz

ANRICHTEN
- knuspriges Ciabatta oder geröstetes Baguette
- Parmesan am Stück, nach Belieben

GERÖSTETE OFENPAPRIKA

Die Spitzpaprika im Ganzen auf einem Backblech verteilen und im vorgeheizten Backofen bei 170 °C (Umluft) etwa 25 Minuten rösten, bis sich die Paprikahaut an mehreren Stellen beinahe schwarz verfärbt. Die Ofenpaprika etwa 10 Minuten abkühlen lassen, dann die Haut abziehen und die Stiele sowie die Kerne entfernen. Die Paprikafilets grob hacken.

OFENPAPRIKA-CHUTNEY

Die Gewürzmischung »Bruschetta grüne Olive« in eine Schüssel geben, mit dem Wasser beträufeln und vermengen. Kurz aufweichen lassen und das Olivenöl unterrühren. Die gerösteten und grob gehackten Paprikafilets zugeben. Die abgetropften Kapern hacken und ebenfalls zugeben. Alles zusammen gut vermengen und mit Meersalz abschmecken.

Danis Tipp: Das Ofenpaprika-Chutney hält sich einige Tage im Kühlschrank. Es passt auch hervorragend zu gegrilltem Gemüse (zum Beispiel Spargel), zu heißer Pasta oder auf ein geröstetes Knoblauchbrot.

APFELKÜCHLEIN
im Speck-Bierteig

ZUTATEN FÜR 2 PERSONEN

SOJA-ZWIEBELN FÜR DEN BIERTEIG
– ½ weiße Zwiebel
– 1 EL Olivenöl
– 15 ml Bio-Sojasauce

BIERTEIG MIT SPECK
– 50 g Karreespeck oder anderer luftgetrockneter Speck
– 125 g glattes helles Weizenmehl
– Salz
– 75 g helles Bier
– Soja-Zwiebeln (siehe Teilrezept)
– 2 Eier
– 1 EL Christstollen Teig- & Backgewürz

APFELKÜCHLEIN UND BACKERBSEN
– 2 süß-säuerliche Äpfel, z. B. Boskop
– reichlich neutrales Pflanzenöl zum Ausbacken
– Bierteig mit Speck (siehe Teilrezept)

ANRICHTEN
– Christstollen Teig- & Backgewürz

SOJA-ZWIEBELN FÜR DEN BIERTEIG

Die Zwiebel schälen, fein hacken und in dem Olivenöl farblos dünsten, bis die Würfelchen weich sind. Dann mit der Sojasauce ablöschen und abkühlen lassen.

BIERTEIG MIT SPECK

Den Speck in sehr feine Würfel schneiden. Das Weizenmehl mit etwas Salz und dem Bier verrühren. Die Speckwürfel und die abgekühlten Soja-Zwiebeln unterrühren. Die Eier trennen. Das Eigelb und das Christstollen-Gewürz unter den Teig rühren. Das Eiweiß mit 1 Prise Salz zu cremigem Schnee schlagen und mit einem Gummispatel unter den Teig heben.

APFELKÜCHLEIN UND BACKERBSEN

Das Kerngehäuse der Äpfel mit einem Apfelausstecher ausstechen und samt der Schale in fingerdicke Scheiben schneiden. Zwischenzeitlich reichlich Pflanzenöl in einem Topf auf 175 °C erhitzen. Die Apfelscheiben durch den Bierteig ziehen und im heißen Öl beidseitig schwimmend ausbacken. Den restlichen Bierteig vorsichtig nach und nach in das heiße Öl träufeln. Dabei öfters umrühren, damit der Teig nicht zusammenklebt. Die goldbraun frittierten Apfelküchlein und die knusprigen Backerbsen mit einer Frittierkelle herausschöpfen und auf Küchenkrepp kurz abtropfen lassen.

Anrichten

Die noch heißen Apfelküchlein und Backerbsen mit etwas Christstollen-Gewürz bestäuben und heiß servieren.

Anrichten

Die »salty & sweet«-Faschingskrapfen halbieren und auf Tellern anrichten.

PIMP UP MY FASCHINGSKRAPFEN
sweet & salty

ZUTATEN FÜR 2 PERSONEN

FASCHINGSKRAPFEN VORBEREITEN
- 2 Faschingskrapfen mit Aprikosenfüllung, gerne vom Vortag
- 150 g Sahne
- 150 ml Vollmilch
- 1 Bio-Orange
- 3 Eier

FASCHINGSKRAPFEN »SALTY«
- 1 eingeweichte Faschingskrapfen (siehe Teilrezept)
- 30 g Butter
- 20 g Parmesan am Stück
- »8 Pfeffermischung Grand Cuvée«
- grobes Meersalz

FASCHINGSKRAPFEN »SWEET«
- 1 eingeweichte Faschingskrapfen (siehe Teilrezept)
- 30 g Butter
- 25 g Zartbitterschokolade
- etwas frisch geriebene Bio-Orangenschale
- 1 EL Dessertgewürz »Schokumami«

FASCHINGSKRAPFEN VORBEREITEN

Die gebräunte Kruste rundherum von den Faschingskrapfen so gut wie möglich mit einem großen Messer dünn abschneiden. Die Sahne, die Vollmilch, den frisch gepressten Orangensaft, etwas frisch geriebene Orangenschale und die Eier mit einem Stabmixer kurz glatt mixen. Die Faschingskrapfen mit der Orangensahne vollständig bedecken und 1 Stunde ziehen lassen. Kurz vor dem Ausbacken kurz abtropfen lassen.

FASCHINGSKRAPFEN »SALTY«

Die Butter in einer Pfanne aufschäumen und die eingeweichten Faschingskrapfen darin beidseitig langsam goldbraun anbraten. Dann etwas Parmesan darüberreiben und mit reichlich Pfeffer bestreuen. Die Faschingskrapfen mit einer Palette vorsichtig wenden und langsam weiterbraten. Sobald die Unterseite geröstet ist, noch mal etwas Parmesan darüberreiben und mit Pfeffer bestreuen. Die Faschingskrapfen noch mal wenden und auf der anderen Seite langsam rösten. Zum Schluss mit etwas grobem Meersalz bestreuen.

FASCHINGSKRAPFEN »SWEET«

Die Butter in einer Pfanne aufschäumen und die eingeweichten Faschingskrapfen darin beidseitig langsam goldbraun anbraten. Dann etwas Zartbitterschokolade und frisch geriebene Orangenschale darüberreiben und mit reichlich Schokumami-Dessertgewürz bestreuen. Die Faschingskrapfen mit einer Palette vorsichtig wenden und langsam weiterbraten. Sobald die Unterseite geröstet ist, noch mal etwas Zartbitterschokolade und Orangenschale darüberreiben und mit Schokumami-Dessertgewürz bestreuen. Die Faschingskrapfen noch mal wenden und auf der anderen Seite langsam rösten.

Rolands Tipp: Zu den Faschingskrapfen »salty« schmeckt super ein frischer Tomatensalat. Zu den Faschingskrapfen »sweet« passen super marinierte Erdbeeren.

Vorspeisen

Anrichten

Die Avocado Roll auf einer Servierplatte anrichten. Die Fenchel-Kapern-Vinaigrette darüber verteilen. Dann mit Basilikumblättern garnieren und mit Olivenöl beträufeln. Zum Schluss etwas Limettenschale darüberreiben und mit grobem Meersalz bestreuen.

AVOCADO ROLL
mit Fenchel-Kapern-Vinaigrette

ZUTATEN FÜR 2 PERSONEN

GEBRATENE GARNELEN
- 6–8 große rohe Garnelen (je nach Größe), geschält
- 2 EL Olivenöl
- Salz
- 20 g Butter
- 1 Spritzer Zitronensaft

AVOCADO ROLL
- 1 reife Avocado
- 1 Kugel Büffel-Mozzarella
- 1 EL Olivenöl
- 1 EL Gewürzmischung »Bruschetta grüne Olive«
- 1 EL Avocado-Gewürz
- gebratene Garnelen (siehe Teilrezept)

FENCHEL-KAPERN-VINAIGRETTE MIT MARACUJA
- ½ kleine Fenchelknolle
- 1 EL eingelegte Kapern, abgetropft
- 2 EL entsteinte Taggiasca-Oliven
- 4 Kirschtomaten
- 1 frische Maracuja
- 4 EL Olivenöl
- etwas Avocado-Gewürz
- Saft von ½–1 Limette
- etwas Bio-Sojasauce

ANRICHTEN
- einige frische Basilikumblätter
- etwas Olivenöl
- Schale von ¼ Bio-Limette
- grobes Meersalz

GEBRATENE GARNELEN

Die Garnelen säubern und am besten längs mit einem dünnen Metall- oder Holzspieß aufspießen, so wölben sie sich beim späteren Braten nicht. Das Olivenöl in einer Pfanne erhitzen und darin die Garnelen beidseitig je 1 Minute scharf anbraten und leicht salzen. Dann die Butter und 1 Spritzer Zitronensaft zugeben, kurz durchschwenken und aus der Pfanne nehmen.

AVOCADO ROLL

Die Avocado längs halbieren, schälen und den Stein entfernen. Dann längs in sehr dünne Scheiben schneiden. Eine große Lage Frischhaltefolie auslegen und darauf die Avocadoscheiben leicht überlappend anrichten. Die Folie über die Avocadoscheiben klappen und mit einem Rollholz sanft und mit wenig Druck darüberrollen und glätten. Die Folie wieder zurückklappen. Den Mozzarella in kleine Stücke schneiden und mit dem Olivenöl und etwas Bruschetta-Gewürzmischung vermengen. Den marinierten Mozzarella mittig und längs auf der Avocadoplatte verteilen. Etwas Avocado-Gewürz darüberstreuen und die Garnelen der Länge nach darauflegen. Dann mithilfe der Frischhaltefolie aufrollen. Die Avocado Roll am besten 30 Minuten in den Kühlschrank stellen, so bekommt sie mehr Stabilität.

FENCHEL-KAPERN-VINAIGRETTE MIT MARACUJA

Den Fenchel putzen und in sehr feine Würfel schneiden. Die Kapern, die Oliven und die Kirschtomaten hacken. Alles in einer Schüssel vermengen. Die Maracuja halbieren, das Fruchtfleisch mit einem Löffel herausschaben und zugeben. Das Olivenöl untermengen. Die Vinaigrette mit Avocado-Gewürz, frisch gepresstem Limettensaft und etwas Sojasauce abschmecken.

Danis Tipp: Wer gerne schnell und einfacher anrichten möchte: Einfach die Avocado in Würfel schneiden und auf Tellern anrichten. Die gebratenen Garnelen und den marinierten Mozzarella verteilen und die Vinaigrette darübergeben.

Rolands Tipp: Die Frischhaltefolie nicht einölen, so haften die Avocadoscheiben besser aneinander und die Rolle bekommt mehr Stabilität. Das Fett der Avocado reicht völlig aus, damit die Folie nicht anklebt!

SENFEI
mit Kresse und Schneewittchen

ZUTATEN FÜR 4 PERSONEN

EIER UND SCHNEE-WITTCHEN
- 6 Eier
- 1 Bund Schneewittchen-Radieschen (längliche rot-weiße Radieschen)

SENFSAUCE
- 2 Eigelb
- 20 ml Chardonnay-Essig
- 2 EL feiner Dijonsenf
- 2 EL grober Senf
- 70 ml Traubenkernöl
- 50 ml Olivenöl
- 10 ml Essiggurkenwasser aus dem Glas
- 3 EL Crème fraîche
- 1 Prise Umami-Gewürzzubereitung
- 1 Prise Salz
- 10 g frischer Schnittlauch
- 1 EL goldgelbe Senfkörner, über Nacht in Wasser eingeweicht

KNUSPRIGE KARTOFFELN
- 30 g Butter
- 12 kleine festkochende Kartoffeln, vorgegart und geschält
- 50 g Panko-Brösel
- 20 ml Olivenöl
- Salz

ANRICHTEN
- 1 Becher frische Gartenkresse
- 1 Becher frische Brunnen- oder Bachkresse
- Panko-Brösel (siehe Teilrezept)
- Pfeffermischung »Schwarzes Gold«
- grobes Meersalz
- etwas Meerrettich am Stück

EIER UND SCHNEEWITTCHEN

Die Eier am besten einige Stunden vor dem Kochen aus dem Kühlschrank nehmen. Dann in einen Topf mit kaltem Wasser legen und langsam aufkochen. Die Eier 9 Minuten kochen, dann herausnehmen und in kaltem Wasser abschrecken. Die gekochten Eier schälen und halbieren. Die Schneewittchen-Radieschen vom Grün trennen, waschen und putzen. Dann in feine Scheiben schneiden.

SENFSAUCE

Die Eigelbe in eine Schüssel geben. Den Chardonnay-Essig, den Dijonsenf und den groben Senf zugeben und mit einem Schneebesen gut verrühren. Während des Rührens nach und nach das Traubenkernöl und das Olivenöl in einem dünnen Strahl einlaufen lassen und weiterschlagen, bis eine Emulsion entstanden ist. Das Essiggurkenwasser und die Crème fraîche unter die emulgierte Senfmayonnaise rühren. Dann mit 1 Prise Umami-Gewürzzubereitung und Salz abschmecken. Den Schnittlauch in feine Röllchen schneiden und untermengen. Zum Schluss die eingeweichten Senfkörner unterrühren.

KNUSPRIGE KARTOFFELN

Die Butter in einer Pfanne aufschäumen lassen. Die vorgekochten und geschälten Kartoffeln dazu geben und anbraten. Sobald die Kartoffeln etwas Farbe angenommen haben, etwas von den Panko-Bröseln darüberstreuen und das Olivenöl darüberträufeln. Alles gut durchschwenken. Die Kartoffeln salzen und weiterbraten, bis alles goldbraun gebraten ist.

Anrichten

Die Gartenkresse und die Brunnenkresse auf Teller verteilen und zu einem lockeren Nest formen. Die Eierhälften darauf platzieren. In die Zwischenräume die Kartoffeln setzen und die restlichen knusprigen Panko-Brösel darüberstreuen. Die Senfsauce großzügig über die Eier verteilen und dekorativ mit den Radieschenscheiben belegen. Alles mit etwas Pfeffermischung »Schwarzes Gold« und grobem Meersalz bestreuen. Zum Schluss etwas frischen Meerrettich mithilfe einer Messerklinge darüberschaben.

Anrichten

Die knusprigen Summer Rolls auf Tellern anrichten. Etwas frischen Parmesan darüberreiben und heiß servieren. Den Basilikum-Tomaten-Avocado-Dip zum Tunken dazu reichen.

KNUSPRIGE SUMMER ROLLS
mit Zucchini und Aubergine

ZUTATEN FÜR 2 PERSONEN

GEGRILLTE ZUCCHINI UND AUBERGINEN
- 1 grüne und 1 gelbe Zucchini
- ½ Aubergine
- 25 ml Olivenöl
- 2 EL »Mediterran« – Universalgewürz
- Salz

BASILIKUM-TOMATEN-AVOCADO-DIP
- 15 g frische Basilikumblätter
- 2 Eigelb
- 20 ml Bio-Sojasauce
- 1 Tomate
- ½ reife Avocado
- 1 Prise Peperoncino-Chili ohne Saat
- ½ TL geschrotete Knoblauch-Flakes
- Salz
- 175 ml Olivenöl
- 10 ml Zitronensaft

KNUSPRIGE SUMMER ROLLS
- 4 runde Reispapierblätter
- gegrillte Zucchini- und Auberginenscheiben (siehe Teilrezept)
- 150 g Mozzarella
- reichlich Weizenmehl zum Panieren
- 4 Eier
- reichlich Panko-Panierbrösel zum Panieren
- reichlich neutrales Pflanzenöl zum Frittieren

ANRICHTEN
- Parmesan am Stück

GEGRILLTE ZUCCHINI UND AUBERGINEN

Die Enden der Zucchini abtrennen und längs in dünne Scheiben hobeln. Die Aubergine in dünne runde Scheiben hobeln. Das Olivenöl mit dem Universalgewürz »Mediterran« und etwas Salz verrühren. Die Marinade über die Zucchini- und Auberginenscheiben träufeln und locker vermengen. Die Gemüsescheiben nach und nach auf dem Kontaktgrill kurz grillen oder ersatzweise in einer Pfanne scharf anbraten.

BASILIKUM-TOMATEN-AVOCADO-DIP

Die Basilikumblätter, die Eigelbe und die Sojasauce in einen Standmixer geben. Die Tomate würfeln. Die Avocado schälen, vom Stein befreien und würfeln. Beides zugeben und mit Chili, Knoblauch-Flakes und Salz würzen. Alles zusammen fein mixen. Nach und nach während des Mixens das Olivenöl einlaufen lassen und zu einer cremigen Emulsion mixen. Zum Schluss mit Zitronensaft verfeinern und nochmals abschmecken

KNUSPRIGE SUMMER ROLLS

Die Reispapierblätter nach und nach in reichlich kaltem Wasser einweichen. Je 1 Blatt herausnehmen und auf 1 Lage Frischhaltefolie legen. Die Oberfläche mit etwas Küchenkrepp trocken tupfen. Einige gegrillte Zucchini- und Auberginenscheiben darauflegen und mittig und längs mit grob gewürfeltem Mozzarella belegen. Links und rechts die Reispapierränder über die Füllung klappen. Dann mithilfe der Frischhaltefolie zu einer Rolle formen. Die Rollen zuerst in Weizenmehl wenden, dann durch die gemixten Eier ziehen und zum Schluss in reichlich Panko-Panierbröseln panieren. Reichlich Pflanzenöl auf 180 °C in einem Topf erhitzen. Nach und nach die Summer Rolls knusprig ausbacken, mit einer Frittierkelle herausheben und kurz auf Küchenkrepp abtropfen lassen.

STEINPILZE
in Kirschvinaigrette

ZUTATEN FÜR 4 PERSONEN

STEINPILZE VOM GRILL

- 400 g frische Steinpilze, ersatzweise Shiitakepilze, Austernpilze, Kräutersaitlinge, Champignons
- 2 EL Olivenöl
- 2 EL Bio-Sojasauce
- 1 TL BBQ-Gewürzzubereitung
- etwas Parmesan am Stück

KIRSCHVINAIGRETTE

- 200 g frische Süßkirschen
- 2 EL Weißweinessig
- 2 EL Olivenöl
- 50 g braune Butter
- 2 Prisen BBQ-Gewürzzubereitung
- ½ EL Steinpilzmarinade (siehe Teilrezept)
- 1 junge Tropea-Zwiebel oder Frühlingszwiebel
- ½ Bund frische Blattpetersilie
- 2 EL geröstete Pinienkerne
- etwas Bio-Sojasauce
- ½ Bio-Limette

ANRICHTEN

- gegrillte dünne Pancetta- oder Speckscheiben nach Belieben

STEINPILZE VOM GRILL

Die frischen Steinpilze putzen und längs halbieren. Eine Marinade aus Olivenöl, Sojasauce und BBQ-Gewürz rühren. Die Steinpilze rundherum mit der Marinade bepinseln und marinieren. Etwa ½ EL Steinpilzmarinade für die Kirschvinaigrette (siehe Teilrezept) zurückbehalten. Die marinierten Steinpilze auf den sehr heißen Holzkohlegrill legen und beidseitig scharf grillen. Dann vom Grill nehmen, auf einen extra Grillrost legen und etwas Parmesan darüberreiben. Die Steinpilze etwas erhöht über den Grill hängen oder an einer Stelle mit milder Hitze schieben und durchziehen lassen.

KIRSCHVINAIGRETTE

Die Kirschen entsteinen, halbieren und in eine Schüssel geben. Den Weißweinessig, das Olivenöl, die braune Butter, das BBQ-Gewürz und die restliche Steinpilzmarinade zugeben und alles vermengen. Die Zwiebel putzen, fein würfeln und zugeben. Die Blattpetersilie fein hacken und mit den Pinienkernen ebenfalls zugeben. Alles vermengen und mit Sojasauce sowie fein geriebener Limettenschale und Limettensaft verfeinern.

Anrichten

Die gegrillten Steinpilze auf Tellern anrichten und die Kirschvinaigrette darüber verteilen. Nach Belieben mit frisch gegrillten Pancetta- oder Speckscheiben belegen und servieren.

Anrichten

Etwas Rote-Bete-Hummus mittig auf die Teller geben und flach verteilen. Darauf einige marinierte Rote-Bete-Spalten und reichlich Tempura-Zwiebeln anrichten. Zum Schluss mit Schnittlauchhalmen garnieren.

ROTE-BETE-HUMMUS
mit Tempura-Zwiebeln

ZUTATEN FÜR 4 PERSONEN

KICHERERBSEN VORGAREN
– 100 g getrocknete Kichererbsen

ROTE BETE AUS DEM OFEN
– 3 Rote-Bete-Knollen
– 25 ml Olivenöl
– je 3 Zweige frischer Rosmarin und Thymian
– 3 Knoblauchzehen

HUMMUS
– 2 vorgegarte Rote-Bete-Knollen (siehe Teilrezept)
– 1 Knoblauchzehe
– vorgegarte Kichererbsen (siehe Teilrezept)
– 1 EL Meerrettich, aus dem Glas
– etwas Tahin (Sesampaste)
– 1 Bio-Zitrone
– Pfeffermischung »Schwarzes Gold«
– etwas Piment d'Espelette
– Salz

TEMPURA-ZWIEBELN
– 2 weiße Zwiebeln
– 100 g Tempuramehl
– 1 Handvoll angestoßene Eiswürfel
– 120 ml eiskaltes Wasser
– Salz
– reichlich neutrales Pflanzenöl zum Frittieren

MARINIERTE ROTE-BETE-SPALTEN
– 1 vorgegarte Rote-Bete-Knolle (siehe Teilrezept)
– grobes Meersalz
– etwas Olivenöl

ANRICHTEN
– einige Schnittlauchhalme

KICHERERBSEN VORGAREN

Die Kichererbsen über Nacht in doppelter Menge kaltem Wasser einweichen. Das Wasser abgießen und durch neues Wasser ersetzen. Die Kichererbsen ohne Salz etwa 1,5 Stunden weich kochen und anschließend im Kochwasser abkühlen lassen.

ROTE BETE AUS DEM OFEN

Die Rote-Bete-Knollen waschen und einzeln auf je eine Lage Alufolie setzen. Dann mit etwas Olivenöl beträufeln und zusammen mit Rosmarin- und Thymianzweigen und angedrücktem Knoblauch einwickeln. Die Rote-Bete-Knollen im Backofen bei 160 °C etwa 1,5 Stunden weich garen. Danach abkühlen lassen und schälen.

HUMMUS

Die geschälten Rote-Bete-Knollen in grobe Würfel schneiden und in einen Standmixer füllen. Die Knoblauchzehe schälen, fein reiben und zugeben. Die Kichererbsen und etwas Kichererbsenkochwasser zugeben. Den Meerrettich und das Tahin zugeben. Die Schale der Zitrone fein reiben und den Saft auspressen. Beides zugeben und mit Pfeffer, Piment d'Espelette und Salz würzen. Alles zusammen fein mixen und noch mal abschmecken.

TEMPURA-ZWIEBELN

Die Zwiebeln schälen und längs in dünne Spalten schneiden. Die einzelnen Zwiebelschichten voneinander lösen. Das Tempuramehl mit den Eiswürfeln und dem kalten Wasser glatt rühren und mit Salz würzen. Die Zwiebelspalten zugeben und vermengen. Reichlich Pflanzenöl in einem hohen Topf auf 175 °C erhitzen. Die Zwiebeln zugeben und unter mehrmaligem Rühren in etwa 5–6 Minuten goldgelb ausbacken. Die Tempura-Zwiebeln aus dem Frittieröl heben und auf Küchenkrepp abtropfen lassen.

MARINIERTE ROTE-BETE-SPALTEN

Die geschälte Rote-Bete-Knolle in daumendicke Spalten schneiden und mit grobem Meersalz würzen. Dann mit Olivenöl beträufeln und vermengen.

Salate & Suppen

Anrichten

Den Nudelsalat auf 2 tiefe Teller oder Schalen verteilen. Die knusprigen Panko-Brösel darüberstreuen und etwas Parmesan darüberreiben. Zum Schluss mit etwas Olivenöl beträufeln.

NUDELSALAT
japanisch-mediterran

ZUTATEN FÜR 2 PERSONEN

MEDITERRANES TOMATEN-AVOCADO-RAGOUT

- 200 g aromatische Kirschtomaten
- 50 g Olivenöl
- Salz
- 150 g Mozzarella in Lake
- 1 großer Schluck roter oder gelber Paprikasaft, frisch entsaftet
- 1 junge Zucchini
- 1 große Avocado mit glatter grüner Schale, nicht zu überreif (Sorte z. B. Fuerte oder Bacon)
- 1 EL Gewürzmischung »Bruschetta grüne Olive«
- 1 Prise Peperoncino-Chili ohne Saat
- 25 g Parmesan am Stück
- etwas frisch gepressten Zitronensaft
- einige frische Basilikumblätter
- 1 frische junge Tropea-Zwiebel
- 1 TL geschrotete Knoblauch-Flakes

JAPANISCH-MEDITERRANER NUDELSALAT

- Salz
- 200 g japanische Udon-Nudeln mit Maisstärke, ersatzweise jegliche andere Nudelsorte, z. B. asiatische Reisnudeln oder Hartweizen-Spaghetti
- kaltes mediterranes Tomaten-Avocado-Ragout (siehe Teilrezept)
- Olivenöl zum Beträufeln

KNUSPRIGE PANKO-BRÖSEL

- 80 g Fassbutter mit Piment d'Espelette (Le Beurre Bordier)
- 50 g Panko-Brösel, ersatzweise Semmelbrösel
- etwas Olivenöl

ANRICHTEN

- Parmesan am Stück
- Olivenöl

MEDITERRANES TOMATEN-AVOCADO-RAGOUT

Die Kirschtomaten waschen und je nach Größe vierteln oder würfeln. Die Kirschtomaten in eine große Pfanne oder Schüssel geben. Dann mit reichlich Olivenöl beträufeln, mit Salz bestreuen und ziehen lassen. Den Mozzarella aus der Lake nehmen, dabei die Lake nicht vollständig weggießen, sondern etwas Lake zum Abschmecken beiseitestellen. Den Mozzarella klein schneiden und zu den Tomaten geben. Einen großen Schluck frisch entsafteten Paprikasaft zugeben. Die Zucchini waschen und roh in sehr dünne Scheiben hoben und ebenfalls unter das kalte Ragout mengen. Die Avocado längs halbieren, den Stein herauslösen und vierteln. Dann die Schale ablösen, das Avocadofruchtfleisch würfeln und ebenfalls zugeben. Das kalte Ragout mit Bruschetta-Gewürzmischung und Peperoncino-Chili würzen. Dann reichlich Parmesan darüberreiben und alles mit einem Kochlöffel vermengen. Etwas Mozzarella-Lake und frisch gepressten Zitronensaft darüberträufeln. Die Basilikumblätter fein hacken und zugeben. Die Tropea-Zwiebel putzen, fein würfeln und ebenfalls zugeben. Dann mit geschroteten Knoblauch-Flakes würzen. Zwischendurch immer wieder etwas Olivenöl zugeben und alles behutsam vermengen und ziehen lassen, sodass ein sämiges Ragout entsteht. Das mediterrane Tomaten-Avocado-Ragout nicht aufkochen, es bleibt kalt.

JAPANISCH-MEDITERRANER NUDELSALAT

Reichlich Wasser aufkochen und gut salzen. Die Nudeln darin in wenigen Minuten bissfest kochen und abseihen, dabei etwas Nudelwasser zurückbehalten. Die tropfnassen und heißen Nudeln zu dem kalten Tomaten-Avocado-Ragout geben. Alles gut durchschwenken und je nach Bedarf noch etwas Nudelwasser hinzufügen. Danach etwas Olivenöl darüberträufeln.

KNUSPRIGE PANKO-BRÖSEL

Reichlich Fassbutter in einer Pfanne zerlassen. Die Panko-Brösel und etwas Olivenöl zugeben. Alles gut vermengen und etwas rösten.

Rolands Tipp: Das kalte mediterrane Tomaten-Avocado-Ragout passt auch super zum Stippen mit knusprigem Knoblauchbaguette oder zu einem guten Stück gegrilltem Fleisch.

Die Panko-Brösel schmecken auch super mit Thymianbutter. Dazu einfach normale Butter zerlassen, dann frisch gehackte Thymianblättchen zugeben und darin die Panko-Brösel knusprig rösten.

HERBSTLICHER RACLETTE-SALAT

ZUTATEN FÜR 2 PERSONEN

SÜSSKARTOFFEL-BIRNEN-SALAT
- 1 Süßkartoffel
- 1 reife, feste Birne
- 4 Datteln
- 50 g Walnusskerne
- ½ Bund frischer Schnittlauch

RAUCHIGES DRESSING
- 30 ml Weißweinessig
- 25 ml frisch gepresster Zitronensaft
- Salz
- 1 EL Raclette-Gewürzmischung
- 10 ml Sonnenblumenöl
- 15 ml Olivenöl

GEBRATENER SCAMORZA
- 1 Scamorza
- 1 EL Sonnenblumenöl
- 1 TL Raclette-Gewürzmischung
- 30 g Butter

ANRICHTEN
- etwas Raclette-Gewürzmischung

SÜSSKARTOFFEL-BIRNEN-SALAT

Die Süßkartoffel schälen und in sehr dünne Scheiben hobeln. Die Süßkartoffelscheiben aufeinanderstapeln und in sehr feine Streifen schneiden. Die Birne samt der Schale ebenfalls zuerst in Scheiben und danach in feine Streifen schneiden. Das Kerngehäuse dabei ausschneiden. Die Datteln entsteinen und in Streifen schneiden. Die Walnusskerne grob hacken. Den Schnittlauch in feine Röllchen schneiden. Alles in eine große Schüssel geben und gut vermischen.

RAUCHIGES DRESSING

Aus dem Weißweinessig, dem frisch gepresstem Zitronensaft, etwas Salz, etwas Raclette-Gewürzmischung, dem Sonnenblumenöl und Olivenöl eine Vinaigrette rühren. Diese über dem Süßkartoffel-Birnen-Salat verteilen und alles gut vermengen.

GEBRATENER SCAMORZA

Den Scamorza in fingerdicke Scheiben schneiden. Das Sonnenblumenöl in einer beschichteten Pfanne erhitzen und die Käsescheiben darin knusprig anbraten, dann wenden und mit etwas Raclette-Gewürz würzen. Die Butter zugeben und den Käse mit der Bratbutter immer wieder mit einem Löffel übergießen und arrosieren.

Anrichten

Den herbstlichen Salat auf Tellern anrichten. Darauf den gebratenen und geschmolzenen Scamorza legen. Die Bratbutter mit etwas Raclette-Gewürz nachwürzen, gut verrühren und über den Salat träufeln.

Anrichten

Den Glasnudelsalat auf Teller verteilen und genießen.

GLASNUDELSALAT
mit Süßkartoffel und Soja-Vinaigrette

ZUTATEN FÜR 2 PERSONEN

SALATMISCHUNG VORBEREITEN
- 4 Süßkartoffeln
- 200 g Weißkohl
- 2 Frühlingszwiebeln
- 10 g Minze
- 15 g Koriander
- 1 Granatapfel
- 50 g Erdnusskerne ohne Salz

SOJA-VINAIGRETTE MIT SÜSSKARTOFFELSAFT
- 250 g Süßkartoffelsaft, frisch entsaftet (siehe Teilrezept)
- 25 ml Bio-Sojasauce
- 1 Bio-Limette
- 1 Prise Peperoncino-Chili ohne Saat
- 1 TL geschrotete Knoblauch-Flakes
- Bratansatz von den Garnelen (siehe Teilrezept)
- 20 g frischer Ingwer, geschält
- 10 g frischer Schnittlauch
- einige Tropfen Colatura di alici (italienische Fischsauce)
- 40 ml Olivenöl

GARNELEN UND GLASNUDELN
- 1 EL Olivenöl
- 8 rohe, geschälte Garnelen, gesäubert
- 200 g Glasnudeln
- Salz

SALATMISCHUNG VORBEREITEN

Die Süßkartoffeln schälen, in dünne Scheiben hobeln und anschließend in feine Streifen schneiden. Die Süßkartoffelschalen und -abschnitte entsaften und für die Vinaigrette beiseitestellen. Den Weißkohl ebenfalls in dünne Streifen schneiden. Die Frühlingszwiebeln putzen, längs halbieren und in feine kurze Streifen schneiden. Die Minze und den Koriander fein hacken. Den Granatapfel quer halbieren. Die Granatapfelhälften mit der Hand über einer Schüssel halten, mit einem Tuch bedecken und mit dem Messerrücken ausklopfen. Die so herausgelösten Granatapfelkerne noch von den eventuell vorhandenen weißen Häutchen befreien. Alle Salatzutaten getrennt voneinander in einer großen Schale anrichten und beiseitestellen.

SOJA-VINAIGRETTE MIT SÜSSKARTOFFELSAFT

Den Süßkartoffelsaft mit der Sojasauce und dem frisch gepressten Limettensaft verrühren. Dann mit Peperoncino und Knoblauch würzen. Danach die Garnelen braten (siehe Teilrezept). Den Bratansatz von den Garnelen zur Vinaigrette geben und mit frisch geriebener Limettenschale und frisch geriebenem Ingwer abschmecken. Den Schnittlauch in feine Röllchen schneiden und zugeben. Zum Schluss mit ein paar Tropfen Colatura di alici und etwas Olivenöl verfeinern. Die Soja-Vinaigrette über den vorbereiteten Salatzutaten und den Garnelen verteilen. Danach die Glasnudeln kochen (siehe Teilrezept).

GARNELEN UND GLASNUDELN

Das Olivenöl in einer Pfanne erhitzen und darin die Garnelen beidseitig anbraten. Den Bratansatz mit etwas Soja-Vinaigrette loskochen und zurück in die Vinaigrette geben. Die gebratenen Garnelen in Stücke schneiden und in die Schale zu den vorbereiteten Salatzutaten geben. Zum Schluss die Glasnudeln in reichlich kochendem Salzwasser in wenigen Minuten weich garen. Danach abgießen und heiß zu dem Salat geben. Alles zusammen behutsam vermengen.

Danis Tipp: Wer keinen Entsafter zu Hause hat, kann ersatzweise 3 Orangen auspressen und diesen Saft für die Soja-Vinaigrette verwenden.

ROMANASALAT
mit Räuchercreme

ZUTATEN FÜR 4 PERSONEN

RAUCHÖL AUF VORRAT
- 1 l Traubenkernöl
- 2 Kombu-Algenblätter
- 2 kleine Stück glühende Holzkohle (Hainbuche), direkt aus der Glut

RAUCHÖL-CREME
- 2 frische Eier
- 1 EL feiner Senf
- 25 ml Weißweinessig
- Salz
- 300 ml Rauchöl (siehe Teilrezept)

RAUCHÖL-TOMATEN-VINAIGRETTE
- 3 EL Bio-Sojasauce
- Saft von 1 Limette
- 4 Cocktailtomaten
- 30 ml Rauchöl (siehe Teilrezept)
- 1 EL frische Blattpetersilie, fein gehackt
- 2 EL frischer Schnittlauch, fein geschnitten

CROÛTONS MIT RAUCHÖL
- 2 Scheiben Brot, z. B. Sauerteigbrot
- 50 g Butter
- etwas Rauchöl (siehe Teilrezept)
- »8 Pfeffermischung Grand Cuvée«

ANRICHTEN
- 2 Romanasalate

RAUCHÖL

Das Traubenkernöl in einen Topf geben. Die Algenblätter grob zerbrechen und zugeben. Dann das glühende Holzkohlenstück mit einer Grillzange in das Traubenkernöl legen, sofort den Topf mit Frischhaltefolie überziehen und mit einem Deckel verschließen. Den Topf schnell mit Frischhaltefolie versiegeln, sodass so wenig wie möglich Rauch entweichen kann. Alles zusammen 12 Stunden bei Raumtemperatur ziehen lassen. Danach das aromatisierte Rauchöl durch ein feines Sieb gießen, in Flaschen füllen und kühl lagern. So hält es sich einige Monate.

RAUCHÖL-CREME

Die Eier aufschlagen und zusammen mit dem Senf, dem Weißweinessig und etwas Salz in einen Standmixer geben. Alles leicht anmixen, dann nach und nach in einem dünnen Strahl das Rauchöl einlaufen lassen und weitermixen, bis eine Emulsion entstanden ist. Die Rauchöl-Creme in einen Kunststoffspritzbeutel füllen.

RAUCHÖL-TOMATEN-VINAIGRETTE

Die Sojasauce und den frisch gepressten Limettensaft verrühren. Die Cocktailtomaten klein hacken und dazugeben. Zum Schluss mit etwas Rauchöl verfeinern und fein gehackte Petersilie und fein geschnittenen Schnittlauch untermengen.

CROÛTONS MIT RAUCHÖL

Das Brot in Würfel schneiden. Die Butter in einer Pfanne aufschäumen und mit etwas Rauchöl aromatisieren. Die Brotwürfel und etwas Pfeffer zugeben und unter mehrmaligem Schwenken knusprig rösten. Dann auf Küchenkrepp abtropfen lassen.

Anrichten

Die Romanasalate putzen, längs halbieren und mit der Schnittfläche nach oben auf Teller legen. Die Rauchöl-Tomaten-Vinaigrette darüber verteilen und mit einigen Tupfen Rauchöl-Creme garnieren. Zum Schluss die Croûtons darüberstreuen.

Anrichten

Den gebratenen Radicchio auf Tellern anrichten und den Schmorfond samt den Zwiebeln darüber verteilen. Dann die Salami-Haselnuss-Butter darübergeben. Zum Schluss die knusprigen Salbeiblätter abzupfen und über den Salat geben.

RADICCHIO-»TARDIVO DI TREVISO«-
Salat mit Salami und Haselnüssen

ZUTATEN FÜR 2 PERSONEN

GEBRATENER RADICCHIO
- 2 große Radicchio Tardivo di Treviso
- 1 Tropea-Zwiebel
- 30 g Butter
- 1 EL Olivenöl
- ½ TL Fenchelsamen
- 20 ml alter Balsamicoessig
- 30 ml Bio-Sojasauce
- »8 Pfeffermischung Grand Cuvée«
- Salz

SALAMI-HASELNUSS-BUTTER
- 50 g luftgetrocknete Salami
- 25 g Butter
- 10 ml Olivenöl
- 1 Zweig frischer Salbei
- 1 Zweig frischer Thymian
- 30 g geröstete Haselnusskerne

GEBRATENER RADICCHIO

Den Salat am Strunk etwas abtrennen und putzen. Das Strunkherz aber nicht komplett entfernen. Den Salat längs vierteln. Das Strunkherz mit einem Messer mehrmals einschneiden, damit dieses später gleichmäßig gart. Die Tropea-Zwiebel schälen und fein würfeln. Die Butter und das Olivenöl in einer Pfanne erhitzen und darin die Zwiebel farblos andünsten. Die Fenchelsamen mit ein paar Tropfen Olivenöl beträufeln, fein hacken und zugeben. Durch den Ölfilm kleben die Samen leicht aneinander und können besser gehackt werden. Die Salatviertel in die Pfanne geben. Mit etwas Balsamicoessig beträufeln und mit Sojasauce ablöschen. Den Salat zugedeckt schmoren lassen und ab und zu wenden. Den Bratsalat mit Pfeffer würzen. Zum Schluss noch mal mit Balsamicoessig und Salz abschmecken.

SALAMI-HASELNUSS-BUTTER

Die Salami fein würfeln. Die Butter mit etwas Olivenöl in einer Sauteuse aufschäumen. Die Salami und die Salbeiblätter sowie die Thymianzweige zugeben. Alles zusammen rösten. Die Haselnusskerne grob hacken oder mit einem Pfannenboden grob zerdrücken, hinzufügen und kurz anrösten.

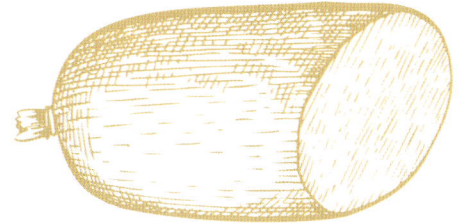
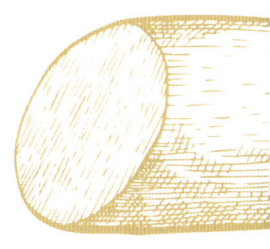

LAUWARMER BOHNEN-PAPRIKA-SALAT
mit Pancetta

ZUTATEN FÜR 2 PERSONEN

BOHNEN-PAPRIKA-SALAT VOM BLECH
- 250 g frische grüne Bohnen
- 2 rote Spitzpaprika
- 35 ml Olivenöl
- 20 ml Bio-Sojasauce
- Salz
- »8 Pfeffermischung Grand Cuvée«
- 1 Bio-Zitrone
- 30 g geschmolzene Butter

LAUWARME PANCETTA-VINAIGRETTE
- 75 g Pancetta
- 20 g Butter + 20 g kalte Butter
- 1 Tropea-Zwiebel
- 25 ml Bio-Sojasauce
- 15 ml Weißwein- oder Apfelessig
- 125 ml Geflügel- oder Gemüsebrühe
- 5 g frische Blattpetersilie
- 1 Bio-Zitrone
- 20 ml Olivenöl
- Bohnen-Paprika-Schmorsaft vom Blech (siehe Teilrezept)

PFEFFER-PARMESAN-STANGERL MIT SALBEI
- 2 große Kartoffel-Brotstangerl oder anderes Weißbrotstangerl
- 30 g weiche Butter
- »8 Pfeffermischung Grand Cuvée«
- 30 g Parmesan, frisch gerieben
- einige frische Salbeiblätter

KERNEMIX-TOPPING
- 2 EL Sonnenblumenkerne
- 1 EL Sesamsamen
- ½ TL Curry-Gewürzmischung (z. B. Madras-Curry)
- Salz

BOHNEN-PAPRIKA-SALAT VOM BLECH

Die grünen Bohnen waschen, die Enden abtrennen und auf einem Backblech verteilen. Die Spitzpaprika waschen, vom Stielansatz befreien, längs halbieren und putzen. Dann in längliche Streifen schneiden und zu den Bohnen geben. Alles mit Olivenöl und Sojasauce großzügig beträufeln. Dann mit Salz und Pfeffer würzen und mit Zitronensaft beträufeln. Die geschmolzene Butter zugeben und mit den Händen gut vermischen. Dann im Backofen bei 200 °C (Umluft) etwa 15–20 Minuten garen. Zum Schluss mit Salz abschmecken. Die bissfest gegarten Bohnen und Paprika anrichten. Den Schmorsaft zu der Pancetta-Vinaigrette (siehe Teilrezept) geben.

LAUWARME PANCETTA-VINAIGRETTE

Die Pancetta klein würfeln und kräftig in Butter anbraten. Die Tropea-Zwiebel schälen, fein hacken und zugeben. Dann mit der Sojasauce, dem Essig und etwas Brühe ablöschen. Die Blattpetersilie hacken und zugeben. Die Vinaigrette mit frisch geriebener Zitronenschale und Olivenöl verfeinern. Dann die kalte Butter zugeben und gut verrühren, damit die Vinaigrette leicht bindet. Zum Schluss den Bohnen-Paprika-Schmorsaft vom Blech unterrühren.

PFEFFER-PARMESAN-STANGERL MIT SALBEI

Das Kartoffel-Brotstangerl quer halbieren. Die weiche Butter mit reichlich Pfeffer und frisch geriebenen Parmesan gut vermengen, auf die Schnittflächen streichen und mit gezupften Salbeiblättern belegen. Die Brotstangen auf dem Kontaktgrill rösten. Zwischendurch noch mal mit frisch geriebenem Parmesan bestreuen und knusprig rösten.

KERNEMIX-TOPPING

Die Sonnenblumenkerne und die Sesamsamen in einer Pfanne ohne Fettzugabe rösten. Dann mit der Curry-Gewürzmischung und etwas Salz vermischen.

Danis Tipp: Als vegetarische Variante die Pancetta durch klein gewürfelten Räuchertofu ersetzen.

Anrichten

Den warmen Bohnen-Paprika-Salat auf Teller verteilen und großzügig mit der lauwarmen Pancetta-Vinaigrette übergießen. Dann mit dem Kernemix-Topping bestreuen und das knusprige Pfeffer-Parmesan-Stangerl dazu reichen.

Danis Tipp

Das perfekte Gericht für den Muttertag.

Anrichten

Reichlich Rosenblätter auf einer Servierplatte verteilen. Die leere Melonenschale auf das Rosenbett setzen und mit dem Avocado-Melonen-Salat füllen. Dann das Melonen-Rucola-Süppchen mit einem Löffel daraufgeben und die gebratenen Garnelen verteilen. Zum Schluss den Avocado-Melonen-Salat mit frisch gezupften Kräutern garnieren und mit etwas Rosen-Vanille-Salz bestreuen.

MELONEN-AVOCADO-SALAT
mit gebratenen Garnelen

ZUTATEN FÜR 2 PERSONEN

MELONENPERLEN UND MELONEN-RUCOLA-SÜPPCHEN
- 1 reife Charentais-Melone oder Cantaloupe-Melone
- 1 Bund frischer Rucola
- Saft von ½ Zitrone
- Rosen-Vanille-Salz
- 4 EL Olivenöl

AVOCADO-MELONEN-SALAT
- 1 reife Avocado
- Melonenperlen (siehe Teilrezept)
- 4 kleine Mozzarellakugeln à 30 g
- 8 Kirschtomaten
- 40 g Parmesan am Stück
- Piment d'Espelette
- Rosen-Vanille-Salz
- 2 EL Olivenöl
- Saft von 1 Zitrone

GEBRATENE GARNELEN
- 8 rohe, geschälte Garnelen, z. B. Rotgarnelen
- 1 EL Olivenöl
- Rosen-Vanille-Salz

ANRICHTEN
- einige frische Rosenblätter für das Rosenbett
- 1 Handvoll frische Kräuter, z. B. Griechisches Basilikum, Koriander, Minze
- Rosen-Vanille-Salz

MELONENPERLEN UND MELONEN-RUCOLA-SÜPPCHEN

Von der Melone die Kerne mit einem Löffel herauslösen. Dann mit einem Parisienne-Ausstecher kleine Perlen ausstechen und für den Salat verwenden (siehe Teilrezept). Das übrige Fruchtfleisch mit einem großen Löffel herausschaben, dabei die Schale nicht verletzen. Die ausgehöhlte Schale zum Anrichten beiseitestellen. Das Melonenfruchtfleisch mit dem Rucola, etwas frisch gepresstem Zitronensaft, etwas Rosen-Vanille-Salz und dem Olivenöl fein mixen.

AVOCADO-MELONEN-SALAT

Die Avocado schälen, vom Kern befreien und in Würfel schneiden. Die Avocadowürfel zu den Melonenperlen geben. Den Mozzarella würfeln und die Kirschtomaten vierteln. Beides zugeben. Dann mit einem Gemüseschäler reichlich Parmesanspäne darüberhobeln. Alles mit Piment d'Espelette, etwas Rosen-Vanille-Salz, etwas Olivenöl und frisch gepresstem Zitronensaft würzen. Alles behutsam zu einem Salat vermengen.

GEBRATENE GARNELEN

Die Garnelen unter fließendem Wasser säubern und trocken tupfen. Das Olivenöl in einer Pfanne erhitzen und darin die Garnelen beidseitig etwa 1 Minute braten. Die Garnelen mit dem Rosen-Vanille-Salz würzen und in Stücke schneiden.

SÜSSKARTOFFELSUPPE
mit Venusmuscheln und Pak Choi

ZUTATEN FÜR 2 PERSONEN

VENUSMUSCHEL-SÜSSKARTOFFEL-SUD

- 500 g frische Venusmuscheln
- 20 ml Olivenöl
- 100 ml trockener Weißwein
- 250 ml frischer Süßkartoffelsaft, samt der Schale entsaftet

SUPPENANSATZ MIT MISO

- 20 g frischer Ingwer
- 2 Stangen frisches Zitronengras
- 1 Scheibe frischer junger Knoblauch, ersatzweise 2 Knoblauchzehen
- 125 g Shiitakepilz-Stiele
- 1 Handvoll getrocknete Bonito-Flakes (aus dem Asia-Shop), kann auch weggelassen werden
- Venusmuschel-Süßkartoffel-Sud (siehe Teilrezept)
- 1 EL japanische Misopaste
- 15 ml Limettensaft

SÜSSKARTOFFELSUPPE

- 125 g frische Shiitakepilz-Köpfe
- 2 Pak Choi
- 75 g Tofu
- 15 ml Olivenöl
- 20 g Butter
- Salz
- 10 ml Bio-Sojasauce
- Suppenansatz (siehe Teilrezept)
- Piment d'Espelette
- 10 ml Limettensaft
- ausgelöstes Venusmuschelfleisch (siehe Teilrezept)

ANRICHTEN

- frische Frühlingszwiebel, fein geschnitten
- Limettenspalte

VENUSMUSCHEL-SÜSSKARTOFFEL-SUD

Die Venusmuscheln in reichlich kaltem Wasser mehrmals wässern und verlesen. Sollten geöffnete Exemplare dabei sein, diese unbedingt aussortieren. Die Venusmuscheln gut abtropfen lassen. Das Olivenöl in einer Pfanne stark erhitzen. Die abgetropften Venusmuscheln zugeben und mit Weißwein ablöschen. Sofort mit einem Deckel verschließen und kurz kochen lassen. Dann mit dem Süßkartoffelsaft aufgießen und zugedeckt weitere 2–3 Minuten köcheln lassen. Die Venusmuscheln in ein Sieb geben, den abtropfenden Sud in einem Topf auffangen und für den Suppenansatz verwenden. Zwischenzeitlich das Venusmuschelfleisch auslösen. Ungeöffnete Exemplare aussortieren.

SUPPENANSATZ MIT MISO

Den Ingwer samt der Schale in dünne Scheiben schneiden. Das Zitronengras putzen, mit dem Messerrücken anklopfen und in grobe Stücke schneiden. Den frischen Knoblauch fein schneiden. Die Stiele von den Shiitakepilzen abtrennen und diese mit den Bonito-Flakes in den Venusmuschel-Süßkartoffel-Sud geben und bei sanfter Hitze etwa 4–5 Minuten leicht köcheln und aromatisieren lassen. Die Misopaste in den Suppenansatz rühren und mit Limettensaft würzen. Danach durch ein feines Sieb passieren.

SÜSSKARTOFFELSUPPE

Die Shiitakepilz-Köpfe in grobe Stücke schneiden. Den Pak Choi putzen, dabei die Stängel längs in Streifen schneiden. Die Blätter grob schneiden. Den Tofu in Würfel schneiden. Das Olivenöl und die Butter in einer Pfanne erhitzen. Die Pak-Choi-Stiele und die Shiitakepilze darin anbraten und leicht salzen. Dann mit der Sojasauce ablöschen und kurz köcheln. Die Pak-Choi-Blätter zugeben und kurz mitbraten. Dann mit dem Suppenansatz aufgießen und aufkochen. Alles mit Piment d'Espelette und Limettensaft abschmecken. Die Suppe vom Herd nehmen und das Venusmuschelfleisch und die Tofuwürfel zugeben und darin erwärmen, dabei nicht mehr kochen lassen.

Anrichten

Die Süßkartoffelsuppe in Suppenschalen verteilen und mit fein geschnittenen Frühlingszwiebeln bestreuen. Dazu je 1 Limettenspalte zum Beträufeln reichen.

Anrichten

Die Polentasuppe auf tiefe Teller verteilen und reichlich knusprige Graubrot-Croûtons darüberstreuen.

SPICY POLENTASUPPE
mit Räucherforelle

ZUTATEN FÜR 2 PERSONEN

POLENTASUPPE
- 2 Schalotten
- 1 Fenchelknolle
- 2 Frühlingszwiebeln
- 40 g Butter
- 30 g Olivenöl
- 50 g geräucherter Nackenspeck vom Mangalitza-Schwein
- 1 EL Fenchelsamen
- 600 ml Geflügelbrühe, am besten hausgemacht
- 1 EL Gewürzmischung »Bruschetta grüne Olive«
- 30 g feiner Maisgrieß für Polenta
- Pfeffermischung »Schwarzes Gold«
- etwas Piment d'Espelette
- Salz
- 2 Räucherforellenfilets ohne Haut, ersatzweise Räucherlachs, -aal oder -saibling
- 10 g frische Blattpetersilie

ANRICHTEN
- Graubrot-Croûtons, in Butter und Olivenöl knusprig ausgebacken

POLENTASUPPE

Die Schalotten schälen und fein würfeln. Die Fenchelknolle putzen und ebenfalls in feine Würfel schneiden. Die Frühlingszwiebeln putzen und fein schneiden. Die Butter und etwas Olivenöl in einem Topf erhitzen und darin die Schalotten farblos anschwitzen. Den Nackenspeck fein würfeln und mit den Fenchelwürfeln zugeben. Einige Fenchelsamen zugeben und alles zusammen anbraten. Die geschnittene Frühlingszwiebel zugeben und mit der Geflügelbrühe aufgießen. Alles zusammen aufkochen lassen und mit der Gewürzmischung »Bruschetta grüne Olive« würzen.

Dann den Maisgrieß unter Rühren einrieseln lassen und einige Minuten weiterköcheln lassen. Die Polentasuppe mit jeweils etwas Pfeffermischung, Piment d'Espelette und Salz abschmecken und mit Olivenöl verfeinern.

Die Räucherforelle in kleine Stücke teilen und in der Polentasuppe erwärmen, aber nicht mehr kochen lassen. Zum Schluss die Blattpetersilie fein hacken und untermengen.

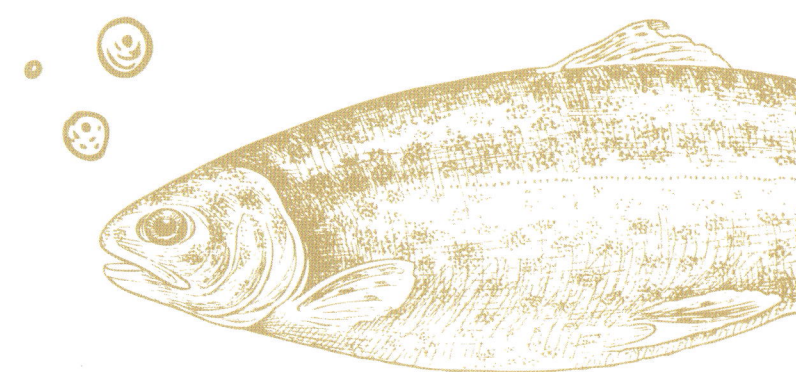

HÜHNERSUPPE
mit Hummus und Avocado

ZUTATEN FÜR 4 PERSONEN

HÜHNERSUPPE

- 6 Hühnerkeulen mit Haut von erstklassiger Qualität
- 2 Zwiebeln
- 100 g Knollensellerie
- 2 Karotten
- 150 g frische Shiitakepilze
- 2 Stangen frisches Zitronengras
- 25 g frischer Ingwer
- 2 Stängel Petersilie
- reichlich kaltes Wasser
- Salz

HUMMUS AUF VORRAT

- 100 g getrocknete Kichererbsen
- 2 saftige Zitronen
- 2 Knoblauchzehen
- 3 EL Tahin (Sesampaste)
- Salz
- etwas Olivenöl
- Piment d'Espelette

SUPPE FERTIGSTELLEN

- Hühnerkeulen (in der Hühnersuppe gegart)
- 1 l Hühnersuppe (siehe Teilrezept)
- 4 EL Hummus (siehe Teilrezept)
- Salz
- 1 Prise Peperoncino-Chili ohne Saat

ANRICHTEN

- je 2 EL weiße und schwarze Sesamsamen, leicht in der Pfanne geröstet
- 20 g frischer Ingwer, geschält
- 1 frische Avocado, gewürfelt
- 10 g frisch geschnittene Schnittlauchröllchen
- 10 g frisch gehacktes Koriandergrün
- 2 Stangen frisch gehackter Frühlingslauch

HÜHNERSUPPE

Die Hühnerkeulen in einen Topf legen. Die Zwiebeln, den Sellerie und die Karotten schälen und grob würfeln. Die Shiitakepilze putzen und in Scheiben schneiden. Das Gemüse zu den Hühnerkeulen geben. Das Zitronengras mit einem Messerrücken klopfen, sodass die Fasern brechen und das Zitronengras mehr Aroma abgibt. Das geklopfte Zitronengras in große Stücke schneiden und zugeben. Den Ingwer schälen, in Scheiben schneiden und zugeben. Die Petersilie zugeben. Alles mit reichlich kaltem Wasser auffüllen, leicht salzen und langsam aufkochen. Die Hühnersuppe bei milder Temperatur maximal 2–2,5 Stunden leicht köcheln lassen.

HUMMUS

Die Kichererbsen mindestens 12 Stunden in reichlich kaltem Wasser einweichen. Das Wasser abgießen und durch frisches Wasser ersetzen. Die Kichererbsen ohne Salz etwa 2 Stunden bei milder Hitze weich köcheln.

Die Zitronen auspressen und den Saft beiseitestellen. Die heißen Kichererbsen abgießen und das Kochwasser auffangen. Dann die weich gekochten Kichererbsen in einen leistungsstarken Mixer füllen. Die Knoblauchzehen schälen, klein hacken und zugeben. Das Tahin, etwas Zitronensaft, Salz und etwas Kochwasser hinzufügen und alles kräftig durchmixen. Je nach Bedarf noch etwas heißes Kochwasser zugeben und weitermixen, bis eine samtige Creme entstanden ist. Anschließend mit etwas Olivenöl verfeinern und mit Piment d'Espelette würzen. Das Hummus in eine große Schüssel füllen und eine Weile ruhen lassen. Das Hummus nochmals mit Salz und Zitronensaft abschmecken. Zum Schluss etwas kaltes Wasser hinzufügen und alles mit einem Gummispatel vermengen, bis das Hummus bindet und glänzt.

SUPPE FERTIGSTELLEN

Die Hühnerkeulen aus der Suppe nehmen und das weich gegarte Fleisch in kleine Stücke rupfen. Die Hühnerhaut nach Belieben in kleine Würfel schneiden. Beides in tiefe Teller verteilen und warm halten. Die noch heiße Hühnersuppe abschöpfen, durch ein Sieb gießen und das Hummus untermixen. Die sämige Hühnersuppe mit Salz und Peperoncino-Chili abschmecken.

Rolands Tipp: Das Hummus in kleine verschließbare Gläser füllen und im Kühlschrank aufbewahren, so hält es sich mindestens 1–1,5 Wochen.

Danis Tipp: Die Hühnersuppe am besten in größeren Mengen und auf Vorrat kochen, abgießen und in Gefrierbehältern für den späteren Gebrauch einfrieren.

Anrichten

Die sämige Hühnersuppe über das gezupfte Hühnerfleisch in die vorbereiteten Teller gießen. Die gerösteten Sesamsamen darüberstreuen und etwas frischen Ingwer darüberreiben. Einige frische Avocadowürfel verteilen und zum Schluss mit den Kräutern und dem Frühlingslauch bestreuen.

Anrichten

Die tropfnassen Reis-Bandnudeln auf tiefe Suppenschalen verteilen und das Soja-Hackfleisch darüber verteilen. Dann mit dem heißen Erdnuss-Hühner-Fond aufgießen und mit Frühlingszwiebeln und Erdnusskernen garnieren. Zum Schluss mit etwas Zitronensaft beträufeln und servieren.

ASIATISCHE SUPPE
mit Hackfleisch und Erdnuss

ZUTATEN FÜR 2 PERSONEN

GEBRATENES HACKFLEISCH

- 1 Zwiebel
- 2 Knoblauchzehen
- 25 g frischer Ingwer
- 30 ml Olivenöl
- 300 g Hackfleisch (Kalb/Schwein)
- Pfeffermischung »Schwarzes Gold«
- 1 Prise Peperoncino-Chili ohne Saat
- 1 EL geröstetes Sesamöl
- 35 g geröstete Erdnusskerne ohne Salz
- 75 g Maiskörner
- 15 ml Bio-Sojasauce
- 1 Fläschchen Ingwer-Shot
- 10 g frischer Koriander
- 10 g frische Blattpetersilie
- 15 ml frisch gepresster Zitronensaft,

ERDNUSS-HÜHNER-FOND

- 500 ml Hühnerbrühe, am besten hausgemacht
- 2 EL Gemüsesuppenpulver
- 25 ml Bio-Sojasauce
- 2 EL Crunchy-Erdnussbutter, mit kleinen Stückchen

REIS-BANDNUDELN

- 200 g asiatische Reis-Bandnudeln
- Salz

ANRICHTEN

- 2 Frühlingszwiebeln, frisch geschnitten
- 20 g geröstete Erdnusskerne, ohne Salz
- ½ Zitrone

GEBRATENES HACKFLEISCH

Die Zwiebel und die Knoblauchzehe schälen und fein hacken. Den Ingwer schälen und fein reiben. Das Olivenöl in einer Pfanne erhitzen und darin die Zwiebeln, den Knoblauch und das Hackfleisch krümelig anbraten. Die Mischung mit Pfeffer, Peperoncino-Chili und etwas Sesamöl würzen. Die Erdnusskerne und die Maiskörner zugeben und kurz mitbraten. Dann mit der Sojasauce und dem Ingwer-Shot ablöschen. Den Koriander und die Blattpetersilie hacken und ebenfalls zugeben. Das Soja-Hackfleisch mit frisch gepresstem Zitronensaft und Pfeffer abschmecken.

ERDNUSS-HÜHNERFOND

Die Hühnerbrühe aufkochen, leicht einreduzieren und mit Gemüsesuppenpulver und Sojasauce abschmecken. Die Erdnussbutter zugeben und mit dem Stabmixer schaumig aufmixen.

REIS-BANDNUDELN

Die Reis-Bandnudeln in reichlich Salzwasser al dente kochen und abgießen.

GERSTLSUPPE
mit Aal

ZUTATEN FÜR 2 PERSONEN

GERSTLSUPPE
- 1 weiße Zwiebeln
- 1 EL neutrales Pflanzenöl
- 2 Karotten
- 1 kleine Lauchstange
- 1 kleine Süßkartoffel
- 75 g roh geräuchertes Wammerl mit Schwarte (Bauchspeck)
- 2 Stangen Staudensellerie
- 60 g Gerstengraupen
- ½ TL geschrotete Knoblauch-Flakes
- »8 Pfeffermischung Grand Cuvée«
- 30 g Bio-Sojasauce
- 750 ml Geflügel- oder Gemüsebrühe
- Salz

AAL VORBEREITEN
- 1 kleiner Räucheraal

GERSTLSUPPE FERTIGSTELLEN
- 50 g Sahne
- filetierter Räucheraal (siehe Teilrezept)
- einige Blätter Staudenselleriegrün
- etwas Blattpetersilie
- ½ Bund Schnittlauch
- Salz

ANRICHTEN
- »8 Pfeffermischung Grand Cuvée«
- frischer Meerrettich am Stück, nach Belieben

GERSTLSUPPE

Die Zwiebel schälen, fein würfeln und in dem Pflanzenöl einige Minuten farblos anschwitzen. Die Karotten schälen und in kleine Würfel schneiden. Den Lauch putzen, waschen und fein schneiden. Die Süßkartoffel schälen und in feine Würfel schneiden. Das Gemüse zu den Zwiebeln geben. Die Schwarte vom Bauchspeck abschneiden und zum Gemüse geben. Den Bauchspeck würfeln und zugeben. Alles zusammen einige Minuten schmoren. Den Staudensellerie putzen, würfeln und ebenfalls zugeben. Die Gerstengraupen hinzufügen und mit Knoblauch-Flakes und Pfeffer würzen. Dann mit etwas Sojasauce ablöschen und mit reichlich Geflügel- oder Gemüsebrühe aufgießen. Alles zusammen leicht salzen und etwa 20–25 Minuten köcheln lassen, je nach Bedarf noch etwas Brühe aufgießen.

AAL VORBEREITEN

Den Räucheraal filetieren, dazu längs an der Mittelgräte entlangschneiden und den Aal in 2 Hälften teilen. Dann die Mittelgräte von dem einen Filet herausschneiden. Die Bauchlappen vom zweiten Filet herausschneiden und zum Aromatisieren zur Gerstlsuppe geben. Die Aalhaut mit den Fingern behutsam ablösen. Den filetierten Aal in etwa 5 cm große Stücke schneiden.

GERSTLSUPPE FERTIGSTELLEN

Die Bauchspeck-Schwarte und die Aal-Bauchlappen aus der Suppe nehmen. Die Gerstlsuppe mit etwas flüssiger Sahne verfeinern. Die Aalfilet-Stücke in die Suppe legen, aber nicht mehr kochen lassen. Das Staudenselleriegrün und die Blattpetersilie fein hacken. Den Schnittlauch fein schneiden. Alles zur Gerstlsuppe geben, vorsichtig vermengen und je nach Geschmack mit Salz abschmecken.

Anrichten

Die Gerstlsuppe mit dem Aalfilet auf tiefe Teller verteilen. Etwas Pfeffer darüberstreuen. Nach Belieben etwas frischen Meerrettich mit einem Messer darüberschaben.

Pasta & Co.

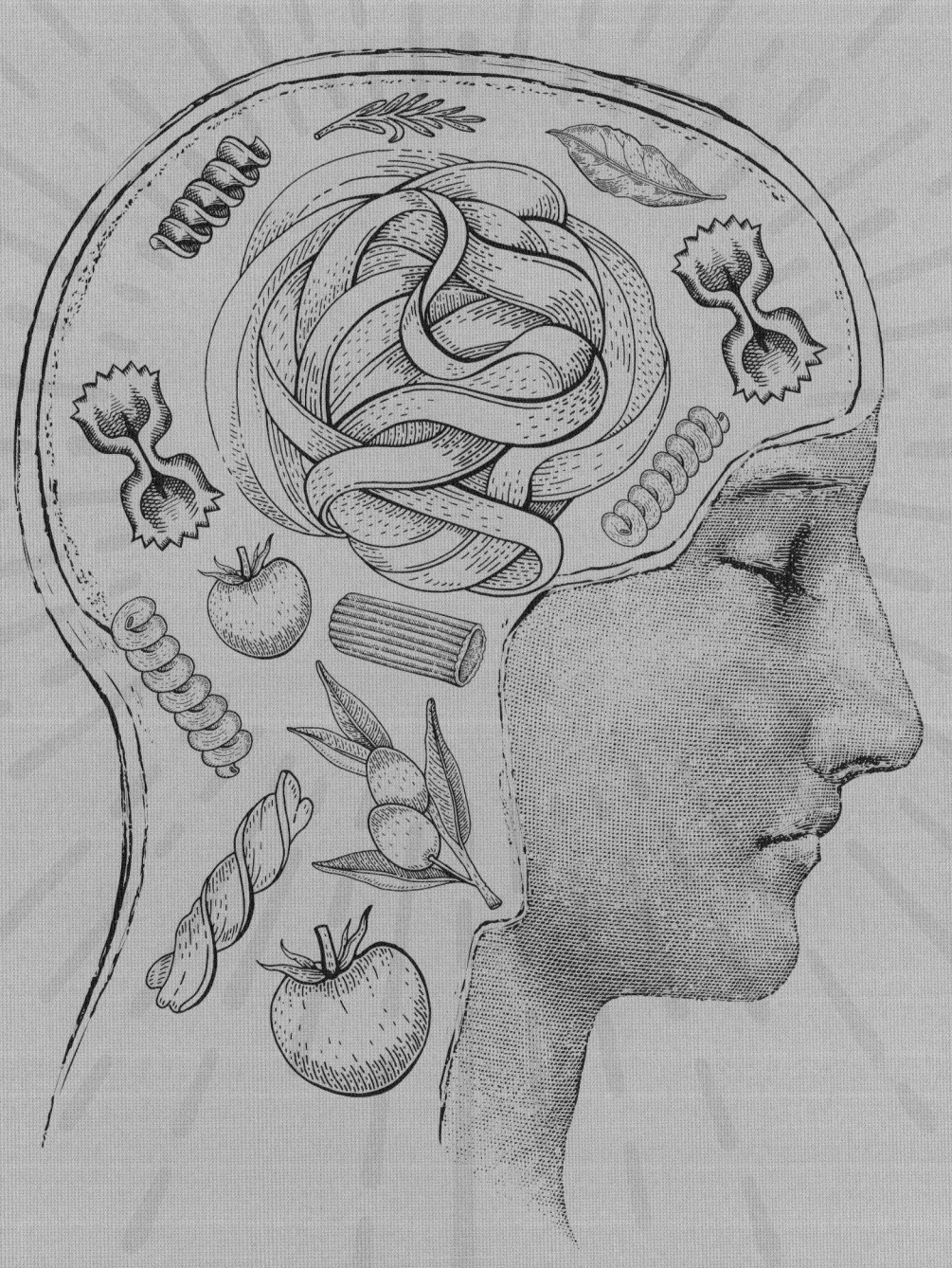

Anrichten

Die Fusilli mit Mortadella und Pistazien auf Tellern anrichten. Zum Schluss reichlich Parmesan darüberreiben und mit Pfeffer bestreuen.

FUSILLI
mit Mortadella und Pistazien

ZUTATEN FÜR 2 PERSONEN

MORTADELLA-PISTAZIEN-SAUCE
- 1 frische junge Tropea-Zwiebeln
- 30 g Butter + etwas mehr kalte Butter zum Binden
- 1 Knoblauchzehe
- 10 frische Salbeiblätter
- 125 g Mortadella
- 2 EL grüne Pistazienkerne
- 8 Kirschtomaten
- »8 Pfeffermischung Grand Cuvée«
- 100 g gute Kalbsjus, am besten hausgemacht
- Salz
- 20 ml Olivenöl

PASTA
- 200 g Fusilli
- Salz
- Mortadella-Pistazien-Sauce (siehe Teilrezept)
- Parmesan am Stück

ANRICHTEN
- etwas Mortadella
- etwas grüne Pistazienkerne
- Parmesan am Stück
- »8 Pfeffermischung Grand Cuvée«

MORTADELLA-PISTAZIEN-SAUCE

Die Tropea-Zwiebel putzen und fein würfeln. Die Butter in einer Pfanne zerlassen. Die Knoblauchzehe schälen, mit der Präzisionsreibe fein reiben und zugeben. Die Zwiebeln zugeben und alles zusammen farblos anschwitzen. Die Salbeiblätter in feine Streifen schneiden und zugeben. Die Mortadella in kleine Würfel schneiden und mit den Pistazienkernen ebenfalls zugeben. Alles zusammen anbraten, bis Röststoffe entstehen. Die Kirschtomaten vierteln, zugeben und mitrösten. Dann mit Pfeffer würzen und mit der Kalbsjus ablöschen. Zum Schluss mit etwas kalter Butter binden und mit Salz und etwas Olivenöl abschmecken.

PASTA

Die Fusilli in reichlich Salzwasser al dente garen. Die Pasta abgießen, dabei etwas Kochwasser auffangen. Die Fusilli mit der Mortadella-Pistazien-Sauce gut durchschwenken. Den Parmesan frisch reiben und untermengen. Alles zusammen 1–2 Minuten leicht köcheln und ziehen lassen, dabei immer wieder durchschwenken. Sollte Flüssigkeit fehlen, etwas von dem zurückbehaltenen Kochwasser zugeben.

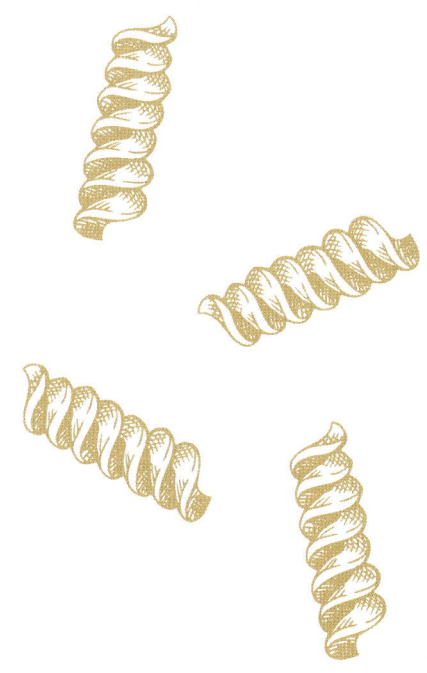

SPAGHETTI
Carbonara

ZUTATEN FÜR 2 PERSONEN

SPAGHETTI
- 250 g Hartweizen-Spaghetti von bester Qualität
- reichlich Wasser
- Salz

EI-PARMESAN-MISCHUNG
- 1 Ei
- 2 Eigelb
- 50 g Parmesan am Stück oder Pecorino Sardo
- 10 g frischer Schnittlauch
- Pfeffermischung »Schwarzes Gold«

CARBONARA-SAUCE UND FERTIGSTELLEN
- 40 g Lardo (fetter Speck)
- 60 g Schopf (Nackenspeck) vom Mangalitza-Schwein oder Guanciale (italienischer Wangenspeck)
- 1 Knoblauchzehe
- Spaghetti (siehe Teilrezept)
- etwas heißes Nudelwasser
- Ei-Parmesan-Mischung (siehe Teilrezept)
- 20 ml Bio-Sojasauce
- Salz

SPAGHETTI

Die Spaghetti in reichlich kochendem und gesalzenem Wasser al dente kochen. (Tipp und Grundregel: 1 l Wasser auf 100 g Pasta.) Das Nudelwasser nicht zu stark salzen, da es später für die Carbonara-Sauce verwendet wird. 1 große Tasse heißes Nudelwasser herausschöpfen und beiseitestellen. Die Spaghetti abgießen und sofort heiß und tropfnass weiterverarbeiten (siehe Teilrezept »Carbonara-Sauce und Fertigstellen«).

EI-PARMESAN-MISCHUNG

In der Zwischenzeit das Ei und die Eigelbe in eine Schüssel geben und reichlich frisch geriebenen Parmesan zugeben. Den Schnittlauch in feine Röllchen schneiden und ebenfalls zugeben. Alles zusammen gut verrühren und mit reichlich Pfeffer würzen.

CARBONARA-SAUCE UND FERTIGSTELLEN

Während die Pasta kocht, den Lardo und den Nackenspeck fein würfeln und in einer Pfanne ohne zusätzliche Fettzugabe anbraten und auslassen. Die Knoblauchzehe schälen und mit einer Präzisionsreibe über die Speckwürfel reiben. Alles behutsam weiterbraten. Die tropfnassen und heißen Spaghetti zu der Speckmischung in die Pfanne geben. 1 großen Schluck heißes Nudelwasser zugeben und alles zusammen gut durchschwenken. Dann die Ei-Parmesan-Mischung darübergießen und gut durchschwenken. Die Mischung nicht mehr aufkochen lassen. Das Ei sollte nicht stocken, sondern die Sauce nur cremig binden. Je nach Geschmack mit etwas Sojasauce und etwas Salz abschmecken.

Hinweis

Eine klassische Carbonara wird keinesfalls mit Sahne zubereitet!

Anrichten

Die Spaghettini auf tiefe Teller verteilen und servieren.

SPAGHETTINI
mit Speck und Kürbiskernöl

ZUTATEN FÜR 4 PERSONEN

SPECKSAUCE MIT KARTOFFELN
- 50 g geräucherter Bauchspeck am Stück
- 150 g festkochende Kartoffeln
- 1 Scheibe junger Frühlingsknoblauch, ersatzweise 1 Knoblauchzehe
- 1 frische junge Tropea-Zwiebel
- 25 g Butter
- 3 Zweige frischer Thymian
- 35 g Kürbiskerne
- 15 ml Olivenöl

PASTA
- 200 g Spaghettini
- Salz
- 10 g frische Blattpetersilie
- 10 g frischer Schnittlauch
- 40 g Comté am Stück (Hartkäse)
- Specksauce mit Kartoffeln (siehe Teilrezept)
- Pfeffermischung »Schwarzes Gold«
- 25 ml Kürbiskernöl

SPECKSAUCE MIT KARTOFFELN

Den Bauchspeck in kleine Würfel schneiden. Die Kartoffeln schälen und ebenfalls in kleine Würfel schneiden. Den Frühlingsknoblauch und die Tropea-Zwiebel fein schneiden. Die Butter in einer Pfanne erhitzen und darin den Knoblauch und die Zwiebeln anschwitzen. Die Thymianzweige, den Speck und die Kartoffeln zugeben und einige Minuten anbraten. Die Kürbiskerne auf ein Schneidebrett geben und mit etwas Olivenöl beträufeln, dann hacken und zur Speck-Kartoffel-Mischung geben. Alles zusammen einige Minuten weiterrösten, bis die Kartoffeln gar sind. Die Thymianzweige wieder herausnehmen.

PASTA

Die Spaghettini in reichlich kochendem Salzwasser al dente kochen, abgießen und dabei etwas Nudelkochwasser zurückhalten. Während des Kochens die Petersilie fein hacken und den Schnittlauch in feine Röllchen schneiden. Den Käse fein reiben. Die Specksauce mit etwas heißem Nudelwasser ablöschen und mit Pfeffer und Salz würzen. Die tropfnassen Spaghettini und die Kräuter zugeben und durchschwenken. Dann den geriebenen Käse untermengen und je nach Bedarf noch etwas heißes Nudelwasser zugeben. Alles zusammen gut durchschwenken und cremig binden. Zum Schluss das Kürbiskernöl unterschwenken.

Rolands Tipp: Die Schwarte vom Speck abschneiden und mit der Fettseite in die Pfanne legen und auslassen, so wird die Sauce zusätzlich aromatisiert.

PASTA
mit Avocado und Burrata

ZUTATEN FÜR 2 PERSONEN

PASTA MIT AVOCADO UND BURRATA

– 250 g Spaghetti
– Salz
– 2 reife Avocados
– 2 große Burrata, ersatzweise Büffelmozzarella
– 2 frische Tropea-Zwiebeln, ersatzweise Frühlingszwiebeln
– 2 Limetten
– Avocado-Gewürz
– reichlich Olivenöl
– Parmesan am Stück

PASTA MIT AVOCADO UND BURRATA

Die Spaghetti in reichlich Salzwasser al dente kochen. Währenddessen die Avocados längs halbieren, den Stein entfernen und die Schale ablösen. Das Avocadofruchtfleisch fein würfeln. Die Burrata klein schneiden. Die Tropea-Zwiebeln putzen und fein schneiden. Alles in eine große Servierschüssel geben und mit reichlich Limettensaft beträufeln. Etwas Avocado-Gewürz darüberstreuen und mit reichlich Olivenöl beträufeln. Dann mit etwas heißem Nudelkochwasser übergießen und die Mischung mit einem Löffel locker vermengen. Danach reichlich frischen Parmesan darüberreiben. Etwas Nudelkochwasser abschöpfen und beiseitestellen. Die Spaghetti abgießen und tropfnass und heiß zu der Avocado-Burrata-Mischung geben. Alles zusammen locker vermengen und nochmals mit Limettensaft, Avocado-Gewürz und Olivenöl abschmecken. Je nach Bedarf noch etwas heißes Nudelkochwasser zugeben und zu einem saftigen und cremigen Pastagericht vermengen.

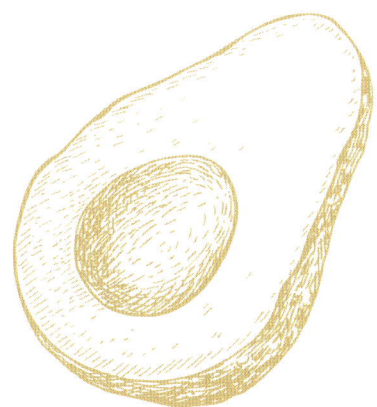

Anrichten

Die sommerliche Pasta auf 2 Teller oder Schalen verteilen und genießen.

Anrichten

Die Castellane auf Teller verteilen und mit reichlich Anchovis-Brösel bedecken. Dann etwas Parmesan darüberreiben und mit Chili und Pfeffer bestreuen.

CASTELLANE
mit Cima di Rapa

ZUTATEN FÜR 2 PERSONEN

GEBRATENER CIMA DI RAPA
- 200 g Cima di Rapa (Stängelkohl)
- 1 Knoblauchzehe
- 30 ml Olivenöl + etwas mehr zum Verfeinern
- 1 Prise Peperoncino-Chili ohne Saat
- Salz
- 25 g Pinienkerne
- 40 g Parmesan am Stück

PASTA
- 250 g Castellane (Hartweizenpasta)
- Salz

ANCHOVIS-BRÖSEL
- 25 g Olivenöl
- 60 g Semmelbrösel
- 30 g Anchovis (Sardellenfilets)
- 1 Bio-Zitrone
- 2 EL frische Blattpetersilie, gehackt
- Salz

ANRICHTEN
- Parmesan am Stück
- Peperoncino-Chili ohne Saat
- »8 Pfeffermischung Grand Cuvée«

GEBRATENER CIMA DI RAPA

Die einzelnen Röschen vom Stängelkohl abtrennen und je nach Größe halbieren. Junge Blätter ebenfalls verwenden. Die Knoblauchzehe schälen und fein hacken. Das Olivenöl in einer Pfanne erhitzen und den Knoblauch farblos anbraten. Den Cima di Rapa zugeben und mit Chili und Salz würzen. Die Pinienkerne zugeben und mitrösten. Alles zusammen immer wieder durchschwenken und weiterbraten. Die tropfnassen Castellane zugeben und durchschwenken. Dann reichlich frisch geriebenen Parmesan zugeben, durchschwenken und mit etwas Olivenöl verfeinern.

PASTA

Die Castellane in reichlich Salzwasser al dente garen. Dann abgießen und tropfnass zum gebratenen Cima di Rapa (siehe Teilrezept) geben.

ANCHOVIS-BRÖSEL

Das Olivenöl in einer kleinen Pfanne erhitzen. Die Semmelbrösel und die fein gehackten Anchovis-Filets zugeben und alles zusammen rösten. Dann mit frisch geriebener Zitronenschale verfeinern. Die Blattpetersilie fein hacken und zum Schluss kurz mitrösten. Je nach Geschmack mit Salz abschmecken

MAC AND CHEESE

ZUTATEN FÜR 2 PERSONEN

ERDNUSS-KÄSE-SAUCE
- 40 g Butter
- 30 g Weizenmehl
- 150 ml kalte Vollmilch
- 150 g Knollenselleriesaft, frisch entsaftet
- Salz
- »8 Pfeffermischung Grand Cuvée«
- 1 EL Crunchy Erdnussbutter
- 80 g Bergkäse am Stück
- 60 g Gouda am Stück

PASTA
- 200 g Chifferi Rigati (Hartweizenpasta)
- Salz

ERDNUSSKRUSTE
- 75 g Butter
- 30 g geröstete Erdnusskerne
- 50 g Panko-Panierbrösel
- Piment d'Espelette
- Pasta (siehe Teilrezept)

ERDNUSS-KÄSE-SAUCE

Die Butter in einer ofenfesten Pfanne aufschäumen. Das Weizenmehl unterrühren und farblos anrösten. Dann nach und nach mit kalter Milch und dem Selleriesaft aufgießen und unter Rühren aufkochen. Die Béchamelsauce mit Salz und Pfeffer würzen. Die Erdnussbutter unterrühren. Den Käse reiben und unter die Sauce rühren und schmelzen lassen. Die Erdnuss-Käse-Sauce nicht mehr kochen lassen.

PASTA

Die Pasta in reichlich gesalzenem Wasser al dente kochen und abgießen.

ERDNUSS-KRUSTE

Die Butter schmelzen. Die Erdnüsse grob hacken und mit den Panko-Panierbröseln vermischen. Die geschmolzene Butter und etwas Piment d'Espelette zugeben und vermischen.

Die tropfnasse Pasta unter die Erdnuss-Käse-Sauce mischen und mit den Erdnuss-Bröseln bestreuen. Dann im vorgeheizten bei 220 °C (Grillstufe) 3–4 Minuten gratinieren.

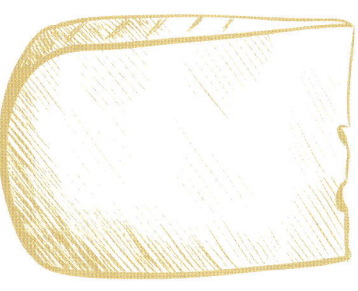

Anrichten

»Mac and Cheese« am besten in der Pfanne servieren und bei Tisch auf Teller verteilen.

Anrichten

Die heiße Pizza Calzone mit etwas Knoblauch-Rosmarin-Butter bepinseln und servieren.

PIZZA CALZONE

ZUTATEN FÜR 4 PERSONEN

PIZZATEIG
- 500 g helles, glattes Weizenmehl oder Pizzamehl Tipo 00
- 250 ml Wasser, Raumtemperatur
- 30 g Olivenöl
- 15 g Salz
- 25 g flüssiger Honig
- 15 g frische Backhefe

KNOBLAUCH-ROSMARIN-BUTTER
- 75 g Butter
- 1 Knoblauchzehe
- 2 Zweige frischer Rosmarin

MARINIERTE PORTOBELLO-PILZE
- 2 Portobello-Pilze oder 200 g braune Champignons
- Piment d'Espelette
- Salz
- 10 ml Olivenöl
- etwas Knoblauch-Rosmarin-Butter (siehe Teilrezept)

PIZZA CALZONE
- gereifter Pizzateig (siehe Teilrezept)
- etwas Weizenmehl zum Arbeiten
- 200 g Mortadella, in dünnen Scheiben (in der vegetarischen Version einfach weglassen)
- 200 g Mozzarella
- 175 g Tomatensugo
- marinierte Portobello-Pilze (siehe Teilrezept)
- 150 g Scamorza
- etwas Parmesan am Stück
- 1 Prise getrockneter Oregano

ANRICHTEN
- etwas Knoblauch-Rosmarin-Butter (siehe Teilrezept)

PIZZATEIG

Das Weizenmehl, das Wasser, das Olivenöl, das Salz, den Honig und die zerkrümelte Backhefe in die Rührschüssel der Küchenmaschine geben. Alles zusammen 8–9 Minuten zu einem glatten, geschmeidigen Hefeteig kneten. Oder die Zutaten mit den Händen zu einem Hefeteig kneten. Den Hefeteig zugedeckt 30–45 Minuten gehen lassen. Dann in 4 Teigportionen teilen und je zu einer glatten Kugel formen. Die Teigkugeln mit Weizenmehl bestäuben und nebeneinander in eine Form setzen. Die Form mit einer Folie bedecken und die Teigkugeln für 24–36 Stunden zum Reifen und zur Aromaentwicklung in den Kühlschrank stellen.

KNOBLAUCH-ROSMARIN-BUTTER

Die Butter in einem kleinen Topf aufschäumen. Die Knoblauchzehe schälen, fein reiben und zugeben. Die Rosmarinzweige in die Butter legen. Den Topf vom Herd nehmen und die Butter ziehen lassen.

MARINIERTE PORTOBELLO-PILZE

Die Portobello-Pilze putzen und in feine Scheiben hobeln. Dann mit Piment d'Espelette, Salz, etwas Olivenöl und etwas Knoblauch-Rosmarin-Butter marinieren.

PIZZA CALZONE

Den Pizzateig bemehlen und mit den Händen zu einem leicht ovalen Fladen auseinanderziehen. Auf die eine Teighälfte zuerst Mortadellascheiben legen und mit klein gezupftem Mozzarella belegen. Bei der vegetarischen Variante einfach die Mortadella weglassen. Dann einige Kleckse Tomatensugo darübergeben und mit den marinierten Portobello-Pilzen bedecken. Einige Scheiben fein gehobelten Scamorza darauflegen und mit frisch geriebenem Parmesan und getrocknetem Oregano bestreuen. Zum Schluss noch mal mit Mortadellascheiben bedecken (bei der Veggie-Variante diesen Schritt weglassen). Anschließend den restlichen Teig über die Füllung klappen und die Teigränder gut verschließen, dazu die zusammengeklappten Teigränder nach und nach leicht nach oben klappen und mit den Fingern gut festdrücken.

Die Pizza Calzone mit einem Pizzaschieber in den gut vorgeheizten Pizzaofen schieben und goldbraun und knusprig backen. Etwas frisch geriebenen Parmesan auf die fertige Pizza Calzone streuen und noch mal kurz gratinieren.

Hauptdarsteller

Geflügel

HUHN
mit Miso, Schmorgemüse und Kumquats

ZUTATEN FÜR 2 PERSONEN

MARINIERTES HUHN MIT MISO
- 4 Hühnerschenkel
- 2 EL Crème fraîche
- 1 EL Misopaste
- 20 ml Zitronensaft
- 1 TL Chakalaka-Gewürzzubereitung
- 25 ml Bio-Sojasauce

GRATINIERTES HUHN MIT SCHMORGEMÜSE UND KUMQUATS
- 3 Karotten
- 2 Schalotten
- 2 Kohlrabi
- 25 ml Olivenöl zum Anbraten
- 40 g Butter
- 2 Scheiben junger Knoblauch oder 2 Knoblauchzehen
- 8 Kumquats
- 2 kleine Snack-Zitronen (Limequats)
- 30 ml Bio-Sojasauce
- mariniertes Huhn (siehe Teilrezept)
- etwas Olivenöl zum Beträufeln

ANRICHTEN
- grobes Meersalz

MARINIERTES HUHN MIT MISO

Die Hühnerschenkel am Gelenk zwischen Ober- und Unterschenkel durchschneiden. Die Crème fraîche, die Misopaste, den Zitronensaft, die Chakalaka-Gewürzzubereitung und die Sojasauce gut verrühren. Diese Miso-Marinade mit den Händen gut in das Fleisch einmassieren.

GRATINIERTES HUHN MIT SCHMORGEMÜSE UND KUMQUATS

Die Karotten schälen und leicht quer in dicke Stücke schneiden. Die Schalotten schälen und würfeln. Den Kohlrabi ebenfalls schälen und in grobe Stücke schneiden. Das Olivenöl und die Butter in einer ofenfesten Schmorpfanne erhitzen und darin das Gemüse anbraten. Den Knoblauch in Scheiben schneiden und ebenfalls mit anbraten. Die Kumquats halbieren und die Kerne herauslösen, dazu am besten eine aufgebogene Büroklammer verwenden. 1 Snack-Zitrone in Scheiben schneiden und zusammen mit dem Saft von 1 weiteren Snack-Zitrone zugeben. Dann mit Sojasauce ablöschen und mit etwas Wasser aufgießen. Die marinierten Hühnerschenkel auf das Gemüse setzen und mit Olivenöl beträufeln. Die Pfanne in den vorgeheizten Backofen schieben und bei 170 °C (Umluft) etwa 1 Stunde fertig schmoren und goldbraun gratinieren.

Anrichten

Das gratinierte Huhn mit grobem Meersalz bestreuen und in der Schmorpfanne servieren.

Anrichten

Die gegrillten Wachteln mit einem großen Messer längs halbieren und auf eine Servierplatte legen, dann mit dem restlichen Soja-Lack bepinseln und genussvoll mit den Händen verspeisen.

GEGRILLTE WACHTELN
mit Soja-Lack

ZUTATEN FÜR 4 PERSONEN

SOJA-LACK
- 150 ml Bio-Sojasauce
- 15 g Ahornsirup-Granulat
- 1 Knoblauchzehe
- 10 g frischer Ingwer, geschält
- 5 frische Shiitakepilze
- 1 Stange Zitronengras
- 10 Tellicherry-Pfefferkörner
- 1 Zweig frischer Thymian
- 3 getrocknete Limettenblätter
- Saft von ½ Limette

GEGRILLTE WACHTELN
- 4 frische Wachteln, küchenfertig
- Soja-Lack (siehe Teilrezept)

SOJA-LACK

Die Sojasauce und das Ahornsirup-Granulat in einen kleinen Topf geben. Die Knoblauchzehe schälen, andrücken und zugeben. Den geschälten Ingwer und die geputzten Shiitakepilze in Scheiben schneiden und ebenfalls zugeben. Das Zitronengras kurz klopfen, in grobe Stücke schneiden und zugeben. Die Pfefferkörner kurz mit der flachen Messerklinge andrücken und zugeben. Den Thymianzweig, die Limettenblätter und den frisch gepressten Limettensaft zugeben. Alles zusammen 10 Minuten bei mittlerer Hitze köcheln lassen. Den Soja-Lack durch ein feines Sieb passieren und beiseitestellen.

GEGRILLTE WACHTELN

Die Wachteln etwa 5 Stunden vor dem Fertiggaren aus dem Kühlschrank nehmen und auf eine Platte legen. Die Wachteln rundherum mit etwas Soja-Lack bepinseln und bei Raumtemperatur ruhen lassen. Sobald die Marinade etwas antrocknet, erneut mit etwas Soja-Lack bepinseln. Diesen Vorgang mehrmals wiederholen, so zieht die Marinade gut in die Haut ein und das Fleisch ist sehr gut mariniert.

Die Wachteln auf den vorgeheizten Kugelgrill legen und bei geschlossenem Deckel und indirekter Hitze (160 °C) garen und karamellisieren. Ersatzweise das Geflügel im Backofen bei 160 °C (Umluft) zubereiten. Das Geflügelfleisch sollte durchgegart sein.

Rolands Tipp: Der Soja-Lack eignet sich auch für jede andere Art von Geflügel und Wildgeflügel (zum Beispiel Ente, Gans, Huhn, Stubenküken, Taube, Fasan und so weiter).

HÜHNERBRUST
mit gratiniertem Chicorée

ZUTATEN FÜR 2 PERSONEN

HÜHNERBRUST VORGAREN
- 15 ml Olivenöl
- 2 ausgelöste Hühnerbrüste mit Haut
- Salz
- 25 g Butter
- 2 Knoblauchzehen
- 2 Zweige frischer Thymian
- 2 Zweige frischer Rosmarin

GEBRATENER CHICORÉE MIT DATTELN
- 1 Schalotte
- 1 Chicorée
- 40 g Butter
- 5 Datteln
- Salz

NUSS-TRAUBEN-VINAIGRETTE
- Bratbutter vom Huhn (Teilrezept)
- 20 ml Olivenöl
- etwas Zitronensaft
- »8 Pfeffermischung Grand Cuvée«
- 25 g Cashewkerne oder Walnusskerne
- ¼ Bund frischer Schnittlauch
- 8 frische kernlose helle Trauben
- 15 ml Bio-Sojasauce

HÜHNERBRUST GRATINIEREN
- 2 vorgegarte Hühnerbrüste (siehe Teilrezept)
- Bratbutter von der Vinaigrette (siehe Teilrezept)
- gebratener Chicorée mit Datteln (siehe Teilrezept)
- 10 ml Bio-Sojasauce
- 6 Scheiben Raclette-Käse
- »8 Pfeffermischung Grand Cuvée«
- 1 Prise Pimentón de la Vera

HÜHNERBRUST VORGAREN

Das Olivenöl in einer Pfanne erhitzen und darin die Hühnerbrüste auf der Hautseite anbraten. Die Hühnerbrüste aus der Pfanne nehmen, leicht salzen und mit der Hautseite nach oben auf einen Teller legen. Dann etwas Butter, die angedrückten Knoblauchzehen und die Kräuterzweige darauflegen. Die Hühnerbrüste im vorgeheizten Backofen bei 80 °C (Umluft) 35 Minuten vorgaren.

GEBRATENER CHICORÉE MIT DATTELN

Die Schalotte schälen, längs halbieren und in Streifen schneiden. Den Chicorée putzen, längs halbieren und ebenfalls in Streifen schneiden. Die Butter in einer Pfanne aufschäumen und die Schalotten farblos anschwitzen. Dann den Chicorée zugeben und mitbraten. Die Datteln fein hacken und zugeben. Alles zusammen weiterbraten, bis der Chicorée an Struktur verliert und leicht zusammenfällt. Zum Schluss mit Salz würzen.

NUSS-TRAUBEN-VINAIGRETTE

Die Bratbutter mit etwas Olivenöl und frisch gepresstem Zitronensaft verrühren und mit Pfeffer würzen. Die Cashewkerne hacken und den Schnittlauch in feine Röllchen schneiden. Die Trauben fein hacken. Alles miteinander vermengen und mit Sojasauce abschmecken.

HÜHNERBRUST GRATINIEREN

Einen Backrost auf ein Backblech legen und darauf die vorgegarten Hühnerbrüste mit der Haut nach oben legen. Die Bratbutter vom Teller für die Zubereitung der Nuss-Trauben-Vinaigrette (siehe Teilrezept) verwenden. Den gebratenen Chicorée mit Datteln auf den Hühnerbrüsten verteilen und mit etwas Sojasauce beträufeln. Dann mit den Käsescheiben belegen und im vorgeheizten Backofen bei 275 °C (Grillstufe) kurz gratinieren, bis der Käse zerläuft. Zum Schluss mit Pfeffer und Pimentón de la Vera bestreuen.

Anrichten

Die gratinierten Hühnerbrüste mittig auf Teller setzen und rundherum die Nuss-Trauben-Vinaigrette verteilen.

Anrichten

Das Korean Chicken mit dem marinierten Chinakohlsalat anrichten und genießen.

KOREAN CHICKEN
mit Chinakohlsalat

ZUTATEN FÜR 2 PERSONEN

CHICKEN
- 1 ganzes Stubenküken, küchenfertig
- 80 g Weizenmehl
- 1 EL Maisstärke
- 1 Ei
- 3 EL Wasser
- reichlich neutrales Pflanzenöl zum Frittieren

KOREAN MARINADE
- 2 Knoblauchzehen
- 1 walnussgroßes Stück frischer Ingwer
- 2 EL neutrales Pflanzenöl
- 3 EL Tomatenketchup
- 1 EL Honig
- 1 EL Gochujang (scharfe, fermentierte koreanische Gewürzpaste)
- 5 EL Bio-Sojasauce

CHINAKOHLSALAT
- 1 kleiner Chinakohl
- 3 Stängel frische Minze
- 3 Stängel frischer Koriander
- 3 EL Erdnusskerne, ungesalzen
- 1 TL Gochujang (scharfe, fermentierte koreanische Gewürzpaste)
- 3 EL Bio-Sojasauce
- Saft von ½ Limette
- 1 kleines Stück frischer Ingwer
- 1 TL geröstetes Sesamöl
- 2 EL Sonnenblumenöl

TOPPING
- 4–5 EL Sesamsamen
- 2 Frühlingszwiebeln
- frittiertes Stubenküken (siehe Teilrezept)
- Korean Marinade (siehe Teilrezept)

CHICKEN

Das Stubenküken entlang des Rückgrates aufschneiden. Das Rückgrat herausschneiden und zwischen den Brüsten durchschneiden, sodass zwei Hälften entstehen. Die Keulen von der Brust abtrennen. Die Flügel an der Brust lassen, allerdings das äußere Flügelglied abtrennen.

Das Weizenmehl und die Maisstärke in einer großen Schüssel vermischen. Die beiden Stubenkükenbrüste und -keulen zugeben. Das Ei und das Wasser ebenfalls hinzufügen und alles mit den Händen gut durchmischen. Dabei die Teigpanade sorgfältig in das Fleisch einmassieren. Reichlich Pflanzenöl in einem hohen Topf auf 170 °C erhitzen. Das Fleisch zugeben und etwa 12–13 Minuten goldgelb frittieren, dabei ab und zu alles mit einer Schaumkelle hin und her bewegen. Das Stubenküken herausnehmen und auf Küchenpapier am besten 15 Minuten abtropfen und ruhen lassen. Dann noch mal in das heiße Pflanzenöl geben und weitere 5–6 Minuten frittieren und vollständig durchgaren, so bleibt die Panade lange knusprig. Das frittierte Stubenküken herausnehmen und kurz abtropfen lassen.

KOREAN MARINADE

Die Knoblauchzehen und den Ingwer schälen und fein hacken. Das Pflanzenöl in einem Topf erhitzen und darin den Knoblauch und den Ingwer kurz anrösten. Den Tomatenketchup, den Honig und die Gochujang-Paste zugeben und anrösten. Dann mit der Sojasauce ablöschen und unter Rühren leicht einköcheln.

CHINAKOHLSALAT

Den Chinakohl in Streifen schneiden. Die Kräuter grob hacken und mit den Erdnusskernen zu dem Chinakohl geben. Aus Gochujang-Paste, Sojasauce und Limettensaft eine Marinade rühren. Den geschälten Ingwer fein reiben und zugeben. Dann das Sesamöl und das Sonnenblumenöl zugeben und verrühren. Das Dressing über den Salat gießen und alles gut vermengen.

TOPPING

Die Sesamsamen in einer Pfanne ohne Ölzugabe rösten. Die Frühlingszwiebeln putzen und in feine Röllchen schneiden. Das frisch frittierte Stubenküken mit der Korean Marinade bepinseln und mit gerösteten Sesamsamen und Frühlingszwiebelringen bestreuen.

Rolands Tipp: Wer kein Stubenküken bekommt, nimmt einfach Chicken Wings (Hähnchenflügel). Ein normales größeres Huhn ist nicht geeignet, da sonst das Fleisch beim Frittieren nicht gar wird.

Hauptdarsteller

Schwein & Rind

GRÖSTL RESTLKÜCHE

ZUTATEN FÜR 2 PERSONEN

GRÖSTL

- 250 g festkochende Pellkartoffeln, vom Vortag
- 150 g Blumenkohl
- 80 g pikante Rehpfeffersalami
- 40 g Butter
- 15 g Olivenöl
- Salz
- 1 EL Sesamsamen
- 50 g Semmelbrösel
- 1 Frühlingslauch

MAYONNAISE MIT GERÄUCHERTEM PAPRIKAGEWÜRZ

- 2 Eigelb
- 1 TL Pimentón de la Vera Doux (geräuchertes mildes Paprikapulver)
- 1 Prise Umami-Gewürzzubereitung
- Salz
- 50 ml Rapsöl
- 70 ml Olivenöl
- 15 ml frisch gepresster Zitronensaft

GRÖSTL

Die geschälten Kartoffeln in grobe Würfel schneiden. Den Blumenkohl in Röschen teilen. Die Rehpfeffersalami in kleine Würfel schneiden. Reichlich Butter und Olivenöl in einer großen Pfanne erhitzen. Die rohen Blumenkohlröschen und die Kartoffeln zugeben und salzen. Alles zusammen anbraten, dabei immer wieder durchschwenken. Die geschnittene Wurst und die Sesamsamen zugeben und ebenfalls anrösten. Dann die Semmelbrösel darüberstreuen und gut durchschwenken. Je nach Bedarf noch etwas Butter zugeben. Den Frühlingslauch putzen, längs halbieren, fein schneiden und zugeben. Alles zusammen noch einige Minuten rösten und mit Salz abschmecken.

MAYONNAISE MIT GERÄUCHERTEM PAPRIKAGEWÜRZ

Die Eigelbe in eine Schüssel geben und mit etwas geräuchertem Paprikapulver, etwas Umami-Gewürzmischung und Salz würzen. Alles gut mit einem Schneebesen verrühren. Nach und nach langsam das Rapsöl und das Olivenöl in einem dünnen Strahl einlaufen lassen. Dabei stetig weiterrühren, bis eine Emulsion entstanden ist. Die Mayonnaise mit etwas frisch gepresstem Zitronensaft verfeinern.

Anrichten

Das Gröstl auf Teller verteilen und dazu die Mayonnaise reichen.

7. Anrichten

Das Sauerkraut mittig auf Tellern verteilen. Die Blutwurstknödel daraufsetzen und etwas Parmesan darüberreiben. Dann mit schäumender Butter und etwas heißer Kalbsjus beträufeln.

BLUTWURSTKNÖDEL

ZUTATEN FÜR 6 PERSONEN

BLUTWURST-ZWIEBEL-MISCHUNG
– 1 weiße Zwiebel
– 1 Knoblauchzehe
– 300 g Blutwurst, nicht zu weich
– 15 ml Olivenöl
– 1 EL gerebelter Majoran
– 1 EL Umami-Gewürz
– 1 TL geschrotete Knoblauch-Flakes
– 1 EL Brotgewürz, gemahlen

BLUTWURSTKNÖDEL
– 500 g Weißbrot-Wecken am Stück, am besten 3 Tage alt
– Salz
– 35 g glattes, helles Weizenmehl
– ¼ Bund frischer Schnittlauch
– ¼ Bund frische Blattpetersilie
– Blutwurst-Zwiebel-Mischung (siehe Teilrezept)
– 2 EL Mascarpone
– 2 Eier
– 100 ml Vollmilch

SAUERKRAUT MIT APFEL
– 1 Apfel
– 25 g Butter
– 1 Prise gemahlener Zimt
– 1 getrocknetes Lorbeerblatt
– 200 g Sauerkraut

ANRICHTEN
– 30 g Parmesan am Stück
– 35 g schäumende, leicht gebräunte Butter
– etwas Kalbsjus

BLUTWURST-ZWIEBEL-MISCHUNG

Die Zwiebel und die Knoblauchzehe schälen und würfeln. Die Blutwurst pellen und in fingerdicke Scheiben schneiden. Das Olivenöl in einer Pfanne erhitzen und darin die Zwiebeln, den Knoblauch und die Blutwurst anbraten. Die Mischung mit Majoran, Umami-Gewürz, Knoblauch-Flakes und Brotgewürz verfeinern. Die Blutwurst-Zwiebel-Mischung kurz abkühlen lassen und mit dem Stabmixer durchmixen.

BLUTWURSTKNÖDEL

Das Weißbrot mit einem Messer in dünne, feine Streifen schneiden und in eine große Schüssel füllen. Das Knödelbrot mit Salz würzen. Das Weizenmehl darüberstäuben und mit den Händen gut vermischen. Den Schnittlauch in feine Röllchen schneiden und die Blattpetersilie fein hacken. Die Kräuter zum Knödelbrot geben und gut vermischen. Die Blutwurst-Zwiebel-Mischung, den Mascarpone, die Eier und die Vollmilch zugeben. Alles mit den Händen locker durchmischen. Die Knödelmischung etwa 15 Minuten ruhen lassen. Danach mit nassen Händen kleine Knödel drehen und am besten 30 Minuten in den Kühlschrank stellen, damit die Oberfläche leicht antrocknet.

In der Zwischenzeit in einem großen Topf reichlich Wasser aufkochen und salzen. Die Blutwurstknödel ins sprudelnd kochende Salzwasser gleiten lassen, die Hitze reduzieren und bei leicht siedendem Wasser etwa 15 Minuten gar ziehen lassen.

SAUERKRAUT MIT APFEL

Den Apfel schälen, das Kerngehäuse herausschneiden und in kleine Würfel schneiden. Die Butter in einer Pfanne erhitzen und die Apfelwürfel darin anbraten. Den Zimt darüberstäuben und vermengen. Das Lorbeerblatt und das Sauerkraut zu den Zimtäpfeln geben, vermengen und köcheln lassen, bis die Blutwurstknödel fertig sind.

WIENER SCHNITZEL
mit Petersilienkartoffeln und Gurkensalat

ZUTATEN FÜR 2 PERSONEN

WIENER SCHNITZEL
- 4 dünne Kalbsschnitzel (aus der Kalbsnuss)
- feines Meersalz
- Pfeffermischung »Schwarzes Gold«
- reichlich Weizenmehl zum Panieren
- 4 Eier zum Panieren
- reichlich Semmelbrösel zum Panieren
- reichlich Butterschmalz zum Ausbacken

GURKENSALAT
- 2 kleine Salatgurken
- 1 EL eingelegte Kapern
- 3 Cornichons oder kleine Essiggurken
- feines Meersalz
- Pfeffermischung »Schwarzes Gold«
- 15 ml Weißweinessig
- 25 ml Olivenöl
- etwas Leindotteröl, nach Belieben

PETERSILIENKARTOFFELN
- 300 g festkochende Pellkartoffeln, in Salzwasser vorgegart
- 60 g Butter zum Anbraten
- feines Meersalz
- 10 g frische Blattpetersilie

ANRICHTEN
- Zitronenspalten

WIENER SCHNITZEL

Die Kalbsschnitzel zwischen zwei Lagen Frischhaltefolie legen und behutsam mit einem Plattiereisen gleichmäßig und dünn plattieren. Etwas Meersalz und etwas Pfeffermischung großzügig auf ein großes Arbeitsbrett streuen. Die Kalbsschnitzel darauflegen und auch die Oberseiten mit etwas Meersalz und etwas Pfeffermischung bestreuen. 3 längliche Formen mit Weizenmehl, gut verquirlten Eiern und Semmelbrösel vorbereiten. Dazu die Größe der Formen nicht zu knapp wählen und vor allem mit Semmelbröseln reichlich befüllen, da die Kalbsschnitzel flach und gleichmäßig paniert werden sollen.

Die Kalbsschnitzel zuerst in Weizenmehl wenden, leicht abklopfen und dann gründlich durch die verquirlten Eier ziehen. Zum Schluss in den Semmelbröseln wenden, dazu die Panade nur leicht, aber gründlich andrücken. Die panierten Kalbsschnitzel beiseitelegen.

In einer hohen Pfanne reichlich Butterschmalz erhitzen, sodass die Pfanne mindestens 3 cm gefüllt ist und die Schnitzel schwimmend ausgebacken werden können. Die panierten Schnitzel nach und nach in das heiße Butterschmalz gleiten lassen. Dazu die Pfanne stetig in kreisenden Bewegungen rütteln, sodass das heiße Butterschmalz immer wieder über die Panade schwappt und sich so die goldbraune Panade leicht vom Fleisch löst. Die Kalbsschnitzel dabei einmal wenden, dann mit einer Schaumkelle herausnehmen und auf einem Küchentuch abtropfen lassen. Zum Schluss leicht mit feinem Meersalz bestreuen.

GURKENSALAT

Die Salatgurken schälen und mit dem Gemüsehobel in dünne Scheiben schneiden. Die Kapern und die Essiggurken abtropfen lassen, dann fein hacken und zugeben. Den Gurkensalat mit Meersalz und etwas Pfeffermischung würzen. Etwas Weißweinessig und etwas Olivenöl zugeben und vermengen. Nach Belieben mit etwas Leindotteröl verfeinern und einige Minuten ziehen lassen.

PETERSILIENKARTOFFELN

Die vorgekochten Pellkartoffeln schälen. Reichlich Butter in einer großen Pfanne aufschäumen und die Kartoffeln darin rundherum anbraten. Die Kartoffeln mit Meersalz würzen und immer wieder gut durchschwenken. Die Blattpetersilie fein hacken und zugeben. Alles gut durchschwenken und mit Meersalz abschmecken.

Anrichten

Die Wiener Schnitzel mit den Petersilienkartoffeln und dem Gurkensalat servieren. Dazu Zitronenspalten zum Beträufeln reichen.

Hinweis

Das Cordon bleu muss in reichlich Butterschmalz schwimmen und genügend Platz in der Pfanne haben.

Anrichten

Das Cordon bleu mit fein ausgelösten Finger-Lime-Perlen belegen oder ersatzweise mit etwas Zitronensaft beträufeln. Nach Belieben mit etwas Pfeffer und grobem Salz bestreuen.

CORDON BLEU

ZUTATEN FÜR 4 PERSONEN

CORDON BLEU
– 4 Scheiben Kalbfleisch aus der Kalbsnuss, am besten mit Butterfly-Schnitt
– Salz
– Pfeffermischung »Schwarzes Gold«
– 4 große dünne Scheiben gekochter Schinken
– 150 g Stilfser Käse oder anderer würziger Käse (z. B. Fontina, Taleggio), der gut zerläuft

PANIEREN UND AUSBACKEN
– reichlich Weizenmehl zum Panieren
– 3 Eier
– reichlich Semmelbrösel, gerne gemischt mit Panko-Panierbröseln, zum Panieren
– reichlich Butterschmalz

ANRICHTEN
– Finger Lime oder ersatzweise Zitrone
– Pfeffermischung »Schwarzes Gold«
– grobes Meersalz

CORDON BLEU

Die Kalbfleischscheiben zwischen zwei Lagen Frischhaltefolie gleichmäßig glatt plattieren. Die Schnitzel leicht mit Salz und Pfeffer würzen und mit je 1 Scheibe gekochtem Schinken belegen. Den Käse in etwa 0,5 cm dicke Scheiben schneiden und auf den Schinken legen. Dann die überlappenden Schinkenränder über den Käse klappen, sodass ein Päckchen entsteht. Die Schnitzel wie eine Tasche zusammenklappen und beidseitig mit Salz würzen.

PANIEREN UND AUSBACKEN

Die gefüllten Kalbsschnitzel zuerst in Weizenmehl wenden und überschüssiges Weizenmehl vorsichtig abklopfen. Danach durch die gut verquirlten oder kurz gemixten Eier ziehen und zum Schluss in den Bröseln wenden. Dabei vorsichtig andrücken. Reichlich Butterschmalz in einer Pfanne erhitzen. Das Cordon bleu hineinlegen und mit einem kleinen Schöpfer immer wieder mit heißem Butterschmalz übergießen. Auf der Unterseite leicht goldbraun ausbacken. Dann wenden und auf der zweiten Seite goldbraun ausbacken, dabei immer wieder mit heißem Butterschmalz übergießen. Das fertige Cordon bleu aus der Pfanne nehmen und kurz auf Küchenkrepp abtropfen lassen.

Rolands Tipp: Dazu passen auch super Preiselbeeren aus dem Glas.

RIB-EYE-STEAK
mit Pfefferkruste

ZUTATEN FÜR 2 PERSONEN

RIB-EYE-STEAK
- 1 großes, dickes Rib-Eye-Steak à ca. 300 g
- Salz
- 1 EL neutrales Pflanzenöl
- 50 g Butter
- 1 Scheibe junger Knoblauch oder 2 Knoblauchzehen, angedrückt
- 1 Zweig frischer Rosmarin
- 2 Zweige frischer Thymian
- 3 Blätter frischer Salbei

PFEFFERKRUSTE
- 1 Schalotte
- Bratbutter (siehe Teilrezept)
- 1 Zweig frischer Thymian
- 15 g Bio-Sojasauce
- 1 EL dunkler Balsamicoessig
- 100 g weiche Butter
- 1 Bio-Limette
- Salz
- 1 Eigelb
- Steak-Pfeffer
- 1 EL feiner Dijonsenf
- 40 g Semmelbrösel
- 1 Bio-Limette

FERTIGSTELLEN UND GRATINIEREN
- vorgegartes Rib-Eye-Steak
- 10 g Olivenöl
- 10 g Bio-Sojasauce
- 1 EL feiner Dijonsenf
- 1 Bio-Limette
- Steak-Pfeffer
- 75 g Pfefferkruste-Mischung (siehe Teilrezept)

RIB-EYE-STEAK

Das Rib-Eye-Steak beidseitig mit Salz würzen. Eine Pfanne stark erhitzen. Das Pflanzenöl zugeben und das Steak beidseitig und an den Seitenflächen kurz und sehr scharf anbraten. Dann die Hitze senken. Die Butter, den Knoblauch und die Kräuterzweige zugeben. Das Steak kurz mit der schäumenden Butter übergießen, dann aus der Pfanne nehmen und auf einen Teller legen. Die Kräuter und den Knoblauch auf das Fleisch legen und mit etwa 2 EL Bratbutter übergießen. Die Pfanne mit der restlichen Bratbutter beiseitestellen. Das Rib-Eye-Steak im vorgeheizten Backofen bei 80 °C (Umluft) etwa 20 Minuten auf die gewünschte Garstufe nachziehen lassen.

PFEFFERKRUSTE

Die Schalotte schälen, fein würfeln und zur Steakbratbutter in die Pfanne geben. Die Schalotten darin anschwitzen und unter Rühren den Bratansatz lösen. Den Thymian fein hacken und zugeben. Dann mit etwas Sojasauce ablöschen und mit Balsamicoessig verfeinern. Die Soja-Schalotten in eine Schüssel füllen, in ein eiskaltes Wasserbad setzen und rasch abkühlen lassen. Die weiche Butter mit den Quirlen des Handrührgerätes hell-schaumig aufschlagen. Dann mit etwas frisch geriebener Limettenschale und etwas Salz würzen und das Eigelb unterrühren. Reichlich Steak-Pfeffer, die abgekühlten Soja-Schalotten, etwas Senf und die Semmelbrösel zugeben. Alles zusammen gut vermengen.

FERTIGSTELLEN UND GRATINIEREN

Das Rib-Eye-Steak aus dem Backofen nehmen und beiseitestellen. Die Backofentemperatur sofort auf 275 °C (Grillstufe) erhöhen. Einen Rost auf ein Backblech setzen und darauf das Steak legen. Das Olivenöl, die Sojasauce, etwas Senf und etwas frisch gepressten Limettensaft zu dem Fleischsaft auf den Teller geben. Alles verrühren und mit einer Gabel die Aromen ausdrücken. Das Ganze durch ein Sieb gießen, mit reichlich Steak-Pfeffer würzen und warm halten.

Sobald der Backofen die Hitze (275 °C) erreicht hat, die Pfefferkruste auf dem Steak verteilen und gleichmäßig festdrücken. Dann auf der obersten Schiene in den Backofen schieben und in wenigen Minuten goldbraun gratinieren.

Rolands Tipp

Das perfekte Gericht für den Vatertag.

Anrichten

Das gratinierte Rib-Eye-Steak mit Pfefferkruste in daumendicke Scheiben schneiden und die Schnittflächen mit etwas Aromaten-Pfeffer-Butter beträufeln. Dazu passen hervorragend die Bröselkartoffeln mit Soja-Mayo (Rezept auf Seite 155).

Anrichten

Die Hackbällchen mit dem Ananas-Süßkartoffel-Ragout auf Tellern anrichten und mit gerösteten Sesamsamen und Schnittlauchröllchen bestreuen.

HACKBÄLLCHEN
mit Süßkartoffeln und Ananas

ZUTATEN FÜR 2 PERSONEN

HACKBÄLLCHEN MIT SÜSSKARTOFFEL-ANANAS-RAGOUT

- 2 Schalotten
- 25 g Butter
- 20 ml Olivenöl
- ½ TL geschroteter Knoblauch
- 40 g Cashewkerne
- 500 g Hackfleisch vom Kalb
- 50 g Semmelbrösel
- 1 Ei
- »8 Pfeffermischung Grand Cuvée«
- 1 TL mild-fruchtiges Curry
- mittelscharfes Chilisalz
- Salz
- 10 g frische Blattpetersilie
- ½ frische reife Flug-Ananas
- 1 Süßkartoffel
- 20 ml Bio-Sojasauce
- 150 ml Geflügelfond, ersatzweise Wasser oder Gemüsebrühe
- 1 Bio-Limette

ANRICHTEN
- ¼ Bund frischer Schnittlauch
- 2 EL Sesamsamen, in einer Pfanne ohne Ölzugabe geröstet

HACKBÄLLCHEN MIT SÜSSKARTOFFEL-ANANAS-RAGOUT

1 Schalotte schälen, fein hacken und in der Butter und etwas Olivenöl farblos anschwitzen. Dann mit geschrotetem Knoblauch würzen. Die Schalotten aus dem Topf nehmen und rasch abkühlen lassen. Die Cashewkerne in einer Pfanne rösten, herausnehmen und abkühlen lassen. Das Hackfleisch, die Semmelbrösel, das Ei und die abgekühlten Schalotten in eine Schüssel geben. Alles mit etwas Pfeffermischung, Curry, Chilisalz und Salz würzen. Die gerösteten Cashewkerne grob hacken und etwa zwei Drittel zugeben, den Rest beiseitestellen. Die Blattpetersilie hacken und ebenfalls zugeben. Alles zusammen gut vermengen. Von der Hackfleischmasse mit nassen Händen kleine golfballgroße Bällchen formen. Etwas Olivenöl in einer großen Pfanne erhitzen und darin die Hackbällchen anbraten. Etwas Butter zugeben und die Hackbällchen von allen Seiten etwa 8 Minuten anbraten.

Währenddessen die Ananas schälen, den Strunk herausschneiden und in kleine Stücke schneiden. 1 Schalotte schälen, längs halbieren und in feine Streifen schneiden. Die Ananasstücke, die Schalottenstreifen und die restlichen Cashewkerne zu den Hackbällchen geben und am Pfannenrand anbraten. Alles mit Curry und Pfeffermischung würzen. Die Süßkartoffel schälen und zuerst in dünne Scheiben hobeln und anschließend in feine Streifen schneiden. Die Süßkartoffelstreifen zu den Hackbällchen geben. Dann mit etwas Sojasauce beträufeln und mit etwas Geflügelfond ablöschen.

Die Pfanne mit einem Deckel verschließen und alles zusammen bei mittlerer Hitze etwa 5 Minuten schmoren. Zum Schluss mit frisch gepresstem Limettensaft verfeinern und mit Salz abschmecken.

DER ALLERBESTE BURGER
mit Erdnusssauce

ZUTATEN FÜR 4 PERSONEN

BUNS

- 500 g helles Weizenmehl Type 550 oder Type 405
- 240 ml Vollmilch, Raumtemperatur
- 60 g weiche Butter
- 20 g frische Backhefe (zerkrümelt), ersatzweise 1 Päckchen (7 g) Trockenhefe
- 40 g Zucker
- 10 g Salz
- 1 Ei
- Sesamsamen zum Bestreuen

KNOBLAUCH-PETERSILIEN-BUTTER AUF VORRAT

- 200 g sehr weiche Butter
- 20 g frische Blattpetersilie
- 1 TL geschroteter Knoblauch, ersatzweise 2 Knoblauchzehen
- Salz
- Piment d'Espelette
- ½ TL Pimentón de la Vera (mildes geräuchertes Paprikapulver)

ERDNUSSSAUCE

- 2 Zwiebeln
- 1 Knoblauchzehe
- 15 g frischer Ingwer
- 1 Stängel frisches Zitronengras
- 20 ml Olivenöl
- 25 g geröstete Erdnusskerne, ohne Salz
- 2 EL Erdnussbutter
- Pfeffermischung »Schwarzes Gold«
- 10 ml Weißweinessig
- 40 ml Bio-Sojasauce

BUNS

Alle Zutaten in die Rührschüssel der Küchenmaschine geben und mit dem Knethaken 5 Minuten zu einem gebundenen Teig kneten. Den Hefeteig zugedeckt 1 Stunde bei Raumtemperatur ruhen lassen. Danach 8 Teigstücke (à 105–110 g) abstechen und rund schleifen. Dazu je 1 Teigstück auf die Arbeitsfläche legen und mit der hohlen Hand und in kreisenden Bewegungen zu Kugeln formen. Die Teigkugeln auf ein mit Backpapier belegtes Backblech legen und mit Folie bedeckt 30 Minuten gehen lassen. Dann die Teiglinge mit leicht angefeuchteten Händen flach drücken und weitere 30 Minuten zugedeckt gehen lassen. Die Buns im auf 170 °C (Umluft) vorgeheizten Backofen etwa 15 Minuten backen. Danach abkühlen lassen.

KNOBLAUCH-PETERSILIEN-BUTTER

Die sehr weiche Butter mit den Quirlen des Handrührgerätes einige Minuten weiß-schaumig aufschlagen. Die Petersilie fein hacken und mit dem geschroteten oder frischen Knoblauch untermengen. Die Butter mit Salz, Piment d'Espelette und geräuchertem Paprikapulver würzen. Die Knoblauch-Petersilien-Butter auf eine Lage Frischhaltefolie geben und zu einer Rolle formen. Die Folienenden straff verschließen und verknoten, sodass ein kompaktes längliches Bonbon entsteht. Die Butterrolle kalt stellen.

ERDNUSSSAUCE

Die Zwiebel, den Knoblauch und den Ingwer schälen und fein hacken. Das Zitronengras putzen und ebenfalls fein schneiden. Alles in einem Topf in dem Olivenöl anschwitzen. Die Erdnusskerne und die Erdnussbutter zugeben und kurz anrösten. Dann mit Pfeffer würzen und mit dem Weißweinessig und der Sojasauce ablöschen. Anschließend mit etwas Wasser aufgießen, bis alles bedeckt ist. Alles zusammen etwa 5 Minuten sämig köcheln lassen. Anschließend im Standmixer pürieren. Die Sauce muss nicht ganz fein sein, sondern nur eine gute Bindung aufweisen. Die Erdnusssauce zurück in den Topf geben und warm halten.

Auf der nächsten Seite geht es weiter …

Anrichten

Die Burger auf Teller setzen und servieren.

FLEISCH-PATTY

- 600 g Hackfleisch vom Rind
- Salz
- Pfeffermischung »Schwarzes Gold«
- Knoblauch-Petersilien-Butter (siehe Teilrezept)

BURGER FERTIGSTELLEN

- 2 Romanasalatherzen
- 1 Tomate, z. B. Ochsenherztomate
- 2 EL Olivenöl
- 4 gefüllte Fleisch-Pattys (siehe Teilrezept)
- 1 Scamorza
- 4 Buns (siehe Teilrezept)
- 60 g Knoblauch-Petersilien-Butter (siehe Teilrezept)
- Erdnusssauce (siehe Teilrezept)

FLEISCH-PATTY

Das Hackfleisch mit Salz und Pfeffer würzen und gut vermengen. Etwas Hackfleisch in einen großen Ausstechring füllen und gleichmäßig flach drücken. Dann mit 4 dünnen Butterscheiben belegen und mit Hackfleisch bedecken. Noch mal gleichmäßig flach drücken. Insgesamt 4 Pattys vorbereiten.

BURGER FERTIGSTELLEN

Den Romanasalat in Streifen und die Tomate in Scheiben schneiden und beiseitestellen. Am besten nur 2 Pattys in einer Pfanne braten oder mit 2 Pfannen arbeiten. Das Olivenöl in einer Pfanne erhitzen und die Fleisch-Pattys etwa 2 Minuten scharf anbraten. Die Pattys wenden und 1–2 Minuten weiterbraten. Den Scamorza in Scheiben schneiden, in die Pfanne legen und kurz mitbraten. Die Pattys auf den Käse legen, kurz anbraten und mit einer Palette wenden. Die Tomatenscheiben in die Pfanne legen und kurz mitbraten. Dann alles aus der Pfanne nehmen. Die Buns quer halbieren. Den Kontaktgrill oder eine Pfanne mit Knoblauch-Petersilien-Butter einfetten. Die Buns mit der Schnittfläche nach unten darin goldbraun rösten. Auf die unteren Bun-Hälften etwas Erdnusssauce streichen und mit je 1 gefüllten Fleisch-Käse-Patty belegen. Darauf etwas Erdnusssauce streichen und mit gebratenen Tomatenscheiben und Romanasalatstreifen belegen. Zum Schluss die oberen Bun-Hälften daraufsetzen.

Tipp: Die Buns lassen sich super einfrieren, vor dem Gebrauch bei Raumtemperatur auftauen lassen.

Anrichten

Die gefüllten Champignons mit Parmesan-Brösel-Haube auf Tellern anrichten und den Schmorsud mit den Buchstabennudeln rundherum verteilen.

GEFÜLLTE CHAMPIGNONS

ZUTATEN FÜR 4 PERSONEN

RIESENCHAMPIGNONS VORBEREITEN

- 8 frische Riesenchampignons, ersatzweise Portobello-Pilze

PILZ-HACKFLEISCH-FÜLLUNG

- ½ weiße Zwiebel
- 1 Knoblauchzehe
- 25 g Butter
- 80 g gekochter Schinken in Scheiben
- klein gemixte Champignons (siehe Teilrezept)
- 1 EL eingelegte Kapern, abgetropft
- 1 TL Faschiert - »Hack & Faschiertes«-Gewürzmischung
- 15 ml Bio-Sojasauce
- ¼ Bund frische Blattpetersilie
- 300 g Hackfleisch vom Kalb
- 1 Ei
- 1 EL feiner Senf
- 30 g Semmelbrösel

GEFÜLLTE CHAMPIGNONS MIT PARMESAN-BRÖSEL-HAUBE

- 20 g Butter
- ½ weiße Zwiebel
- 50 g gekochter Schinken, in Scheiben
- ½ Tomate
- 100 g Buchstabennudeln
- 50 ml trockener Weißwein
- 15 ml Bio-Sojasauce
- Salz
- ausgehöhlte Riesenchampignon-Köpfe (siehe Teilrezept)
- Pilz-Hackfleisch-Füllung (siehe Teilrezept)
- 25 g Semmelbrösel
- 50 g Parmesan am Stück
- 15 ml Olivenöl
- 30 g Butterflocken

CHAMPIGNONS VORBEREITEN

Die Stiele der Champignons entfernen und die Haut der Champignonköpfe mit einem spitzen Messer abziehen. Die Champignonköpfe mithilfe eines Kugel-Ausstechers (Parisienne-Ausstecher) leicht aushöhlen und so die Lamellen herauslösen. Für die Füllung die Champignon-Stiele und Lamellen in einem Universalmixer klein hacken.

PILZ-HACKFLEISCH-FÜLLUNG

Die Zwiebel und die Knoblauchzehe schälen und fein hacken. Die Butter in einer Pfanne aufschäumen und die Zwiebeln und den Knoblauch darin anschwitzen. Den Schinken würfeln, zugeben und anbraten. Dann die klein gemixten Champignons und die Kapern zugeben. Alles mit der Gewürzmischung »Hack & Faschiertes« würzen und mit etwas Sojasauce ablöschen. Die Petersilie fein hacken und zugeben. Die Füllung aus der Pfanne nehmen und abkühlen lassen. Danach das Hackfleisch, das Ei, den Senf und die Semmelbrösel zugeben und alles zu einem gebundenen Hackfleischteig vermengen. Die Masse am besten in einen Einweg-Spritzbeutel füllen.

GEFÜLLTE CHAMPIGNONS MIT PARMESAN-BRÖSEL-HAUBE

Die Butter in einer ofenfesten Pfanne aufschäumen. Die Zwiebel schälen, in Streifen schneiden und zugeben. Den Schinken in Streifen schneiden und ebenfalls zugeben. Alles zusammen 1–2 Minuten anbraten. Die Tomate hacken und ebenfalls zugeben. Die Buchstabennudeln hinzufügen und mit dem Weißwein ablöschen. Dann mit Sojasauce und Salz würzen und mit Wasser auffüllen. Die Champignonköpfe in die Sauce setzen und mit der Hackfleischfüllung füllen. Die Sauce einmal aufkochen. Die gefüllten Champignons mit Semmelbröseln bestreuen und Parmesan darüberreiben. Dann mit Olivenöl beträufeln und mit Butterflocken belegen. Die gefüllten Champignons im vorgeheizten Backofen bei 170 °C etwa 35 Minuten überbacken.

RINDERGULASCH
mit Navetten

ZUTATEN FÜR 8 PERSONEN

RINDERGULASCH

- 8 braune Zwiebeln
- ½ junger Knoblauch oder 4 Knoblauchzehen
- 1 EL Schweineschmalz
- 8 Rinderbacken, pariert
- 2 EL Olivenöl
- Salz
- 2 rote Spitzpaprika
- »8 Pfeffermischung Grand Cuvée«
- 3 EL Gulasch-Gewürzzubereitung
- 3 EL Tomatenmark
- 25 ml Bio-Sojasauce
- 1 Flasche trockener Rotwein (0,75 l), z. B. Arachon cuvée rot T.FX.T
- etwas Fleischbrühe oder Gemüsebrühe

NAVETTEN MIT BRÖSELBUTTER

- 4 Navetten
- 50 g Butter
- Salz
- 3 EL Semmelbrösel
- ¼ Bund frischer Schnittlauch

RINDERGULASCH

Die Zwiebeln schälen und in Würfel schneiden. Den Knoblauch putzen und hacken. Das Schweineschmalz in einem großen Bräter erhitzen und die Zwiebeln und den Knoblauch darin etwa 8–10 Minuten anschwitzen. Die Rinderbacken in je 4–5 große Stücke schneiden. Etwas Olivenöl in einer Pfanne erhitzen. Die Rinderbacken in zwei Arbeitsschritten rundherum scharf anbraten und mit Salz würzen. Die Spitzpaprika längs halbieren, putzen und würfeln. Die Paprikawürfel zu den Zwiebeln geben und mitdünsten. Die Zwiebelmischung mit Pfeffer und Gulaschgewürz würzen. Das Tomatenmark zugeben und mitbraten, anschließend mit Sojasauce ablöschen. Den Bratansatz in der Pfanne mit Rotwein ablöschen, loskochen und ebenfalls zur Zwiebel-Fleisch-Mischung geben. Dann mit dem restlichen Rotwein und etwas Fleischbrühe aufgießen. Den Bräter mit einem Deckel verschließen und das Rindergulasch bei milder Hitze etwa 3 Stunden köcheln lassen, bis das Fleisch weich ist und sich leicht mit einer Nadel durchstechen lässt.

Das weich gegarte Fleisch aus der Sauce nehmen. Die Sauce etwas einkochen und anschließend vorzugsweise durch die Passiermühle (»Flotte Lotte«) drehen. Die Sauce nicht pürieren. Anschließend das Fleisch zurück in die Sauce legen und die Sauce mit Salz abschmecken.

NAVETTEN

Die Navetten schälen und in daumendicke Spalten schneiden. Die Butter in einer Pfanne aufschäumen und darin die Navetten rundherum bissfest anbraten, bis sie Farbe bekommen, und mit Salz würzen. Dann die Semmelbrösel darüberstreuen, durchschwenken und rösten. Je nach Bedarf noch etwas Butter zugeben und immer wieder durchschwenken. Den Schnittlauch fein schneiden und zum Schluss zugeben.

Danis Tipp: Rindergulasch am besten in größeren Mengen kochen. Es hält sich im Kühlschrank problemlos 2–3 Tage und schmeckt aufgewärmt sehr gut.

Als Beilage schmecken je nach Belieben auch Semmelknödel, Spätzle, gebratene Nudeln oder Kartoffeln.

Anrichten

Das Rindergulasch in tiefen Tellern anrichten und mit reichlich Sauce übergießen.
Die Navetten dazugeben und servieren.

Hauptdarsteller

Fisch & Meeresfrüchte

WELTBESTE PAELLA

ZUTATEN FÜR 4 PERSONEN

ZWIEBEL-CHORIZO-ANSATZ
- 1 Schalotten
- 2 Knoblauchzehen
- 40 ml Olivenöl
- 80 g spanische Chorizo
- 250 g Schweinefleisch am Stück (z. B. Schweinerücken mit Fettdeckel)
- Pfeffermischung »Schwarzes Gold«
- feines Meersalz
- 100 g rohe Calamari-Köpfe, küchenfertig
- 10 Safranfäden
- 2 Frühlingslauch
- 200 ml frisch entsafteter roter Paprikasaft, ersatzweise Fisch- oder Geflügelfond
- 300 ml Tomatenwasser (klarer Tomatenfond), ersatzweise Fisch- oder Geflügelfond
- 1 EL Paella-Gewürzmischung
- 1 Prise Chiliflocken »Peperoncino ohne Saat«

PAELLA
- 170 g Rundkornreis für Paella (z. B. Arroz Bomba)
- Zwiebel-Chorizo-Ansatz (siehe Teilrezept)
- 2 Gamba Carabinieras mit Köpfen
- 150 g Gelbflossenmakrelenfilet oder Seeteufelfilet

ANRICHTEN
- 1 Zitrone
- 1 gelbe Spitzpaprika, in lange Sticks geschnitten

ZWIEBEL-CHORIZO-ANSATZ

Die Schalotten und die Knoblauchzehen schälen, fein würfeln und in einer Paella-Pfanne oder in einem gusseisernen flachen Bräter in etwas Olivenöl farblos anschwitzen. Die Chorizo pellen, in Würfel schneiden und mit anbraten. Das Schweinefleisch in Würfel schneiden und ebenfalls mit anrösten. Alles mit der Pfeffermischung »Schwarzes Gold« und Meersalz würzen. Danach die Calamari-Köpfe zugeben und anrösten. Die Safranfäden zugeben und weiterrösten. Den Frühlingslauch putzen, längs halbieren und fein schneiden. Dann ebenfalls zugeben und alles gut anrösten und leicht karamellisieren lassen. Danach den frischen Paprikasaft und das Tomatenwasser angießen. Je nach Bedarf noch etwas Wasser aufgießen. Den Paella-Ansatz kräftig mit Meersalz würzen, da die Paella später nicht mehr umgerührt wird und so auch nicht mehr zwischendurch nachgewürzt werden kann. Dann mit Paella-Gewürzzubereitung und Chiliflocken abschmecken.

PAELLA

Den Reis in den kochenden Zwiebel-Chorizo-Ansatz einrieseln lassen und aufkochen lassen. Die Köpfe von den Carabinieras abtrennen. Dann mit einem scharfen Messer die Augen abtrennen, diese werden nämlich in der Paella bitter. Den dahinterliegenden Magen von den Köpfen herauskratzen. Von den Carabiniera-Schwänzen behutsam und sorgfältig den Darm herausziehen, dabei die Schalen nicht ablösen. Die Carabiniera-Köpfe und -schwänze samt der Karkasse in die Pfanne legen. Das Fischfilet würfeln und ebenfalls in der Pfanne verteilen. Die Pfanne in den vorgeheizten Backofen schieben und die Paella bei 180 °C (Umluft-Grill) etwa 25 Minuten fertig garen, sodass die Oberfläche geröstet ist. Anschließend herausnehmen und 5 Minuten nachziehen lassen.

Rolands Tipp: Zum krönenden Abschluss unbedingt die Carabiniera-Köpfe mit den Fingern nehmen und genussvoll mit dem Mund aussaugen. Für Kenner ist das eine wahre Geschmacksexplosion!

Anrichten

Die Paella-Pfanne servieren und erst bei Tisch auf Teller verteilen. Dazu Zitronenviertel und rohe Paprikasticks reichen.

Anrichten

Den lauwarmen marinierten Sushi-Reis mittig in Bowls anrichten und darüber den Tuna-Tatar und einige Frühlingszwiebelringe verteilen. Dann mit geflämmter Ananas, Chili-Gurken-Sticks und frischem Koriander garnieren. Zum Schluss mit gerösteten Sesamsamen bestreuen.

REIS-BOWL
mit Ananas und Tuna

ZUTATEN FÜR 4 PERSONEN

MARINIERTER SUSHI-REIS
- 150 g Sushi-Reis
- 250 ml Wasser
- Salz
- 50 ml Sushi Seasoning
  (Reismarinade, siehe Tipp)

TUNA-TATAR
- 200 g roher Thunfisch
- 25 g eingelegter rosa Sushi-Ingwer
- ½ frische rote Chilischote
- ¼ Bund frischer Schnittlauch
- 1 Nori-Algenblatt
- 10 ml Olivenöl
- 15 ml Bio-Sojasauce
- 15 ml Limettensaft
- etwas geröstetes Sesamöl
- Salz

GEFLÄMMTE ANANAS
- ½ frische reife Flug-Ananas
- 1 unbehandelte Limette

CHILI-GURKEN-STICKS
- 1 kleine Salatgurke
- Piment d'Espelette

ANRICHTEN
- einige Frühlingszwiebelringe, nur das Grüne
- etwas frischen Koriander
- 2 EL Sesamsamen, in einer Pfanne ohne Öl geröstet

MARINIERTER SUSHIREIS

Den Sushi-Reis in ein Küchensieb geben und mit fließendem Wasser abspülen. Innerhalb von 15–20 Minuten immer wieder durchspülen, bis das abtropfende Wasser klar und nicht mehr milchig oder trüb ist. Den Sushi-Reis in einen Topf geben und mit dem frischen Wasser bedecken, leicht salzen und einmal aufkochen. Dann mit einem Deckel verschließen und bei minimaler Temperatur in etwa 20–22 Minuten gar köcheln lassen. Den Sushi-Reis mit einem Löffel auflockern und mit Sushi Seasoning und Salz würzig abschmecken.

TUNA-TATAR

Den rohen Thunfisch in kleine Würfel schneiden. Den Sushi-Ingwer fein hacken. Die Chilischote putzen und ebenfalls fein hacken. Den Schnittlauch in feine Röllchen schneiden. Das Nori-Algenblatt grob zerbröseln, mit Olivenöl beträufeln und fein hacken. Alles zusammen in eine Schüssel geben. Die Sojasauce, den Limettensaft und das Sesamöl zugeben und alles locker vermengen. Den Tuna-Tatar mit Salz abschmecken und mit Olivenöl verfeinern.

GEFLÄMMTE ANANAS

Die Ananas in längliche Spalten schneiden. Den Strunk herausschneiden und schälen. Die Ananasspalten auf einen Teller legen und mit einem Bunsenbrenner rundherum abflämmen. Dann etwas Limettenschale darüberreiben und mit Limettensaft beträufeln. Die geflämmte Ananas in beliebige Spalten oder Rauten schneiden.

CHILI-GURKEN-STICKS

Die Salatgurke schälen, längs vierteln und die Kerne herausschneiden. Die Gurke in längliche Stücke schneiden und die Sticks mit Piment d'Espelette bestreuen.

Rolands Tipp: Statt der fertigen Reismarinade (Sushi Seasoning) kann der gare Sushi-Reis auch mit einer Mischung aus Wasser, hellem Reisessig, Salz und Zucker mariniert werden.

SAFRAN-FENCHEL-RISOTTO
mit Steinbutt

ZUTATEN FÜR 2 PERSONEN

BRUSCHETTA - WÜRZPASTE
- »Bruschetta grüne Olive«-Gewürzmischung
- 100 ml Wasser oder Fenchelknollen-Saft
- 20 ml Olivenöl
- 15 ml Bio-Sojasauce

GEGRILLTER STEINBUTT
- 1 frischer großer Steinbutt (3–4 kg), küchenfertig
- Salz

SAFRAN-FENCHEL-RISOTTO
- 1 Tropea-Zwiebel
- 1 EL Olivenöl
- 150 g Carnaroli-Risottoreis
- 450 ml Fenchelknollen-Saft, frisch entsaftet und erhitzt (ersatzweise Gemüsebrühe)
- 10 Safranfäden
- Salz
- Piment d'Espelette
- 1 frische Fenchelknolle
- 25 g geröstete Erdnusskerne ohne Salz
- frisches Fenchelgrün, fein gehackt
- 30 g Parmesan am Stück
- 250 g gegrillter Steinbutt, gezupft
- Bruschetta-Gewürzpaste (siehe Teilrezept)
- 50 g kalte Butterstücke
- 25 ml frisch gepresster Zitronensaft

BRUSCHETTA-WÜRZPASTE

Die Bruschetta-Gewürzmischung mit etwas Wasser oder Fenchelknollen-Saft verrühren und mit Olivenöl und Sojasauce verfeinern.

GEGRILLTER STEINBUTT

Den Kugelgrill rechtzeitig auf 190 °C vorheizen. Den ganzen Steinbutt auf den Grillrost legen und bei geschlossenem Deckel (indirekter Hitze) etwa 35 Minuten grillen. Danach die Filets auslösen und mit Salz würzen. Übrige Filetstücke kalt stellen und gerne für den Risotto verwenden.

SAFRAN-FENCHEL-RISOTTO

Die Zwiebel putzen, fein würfeln und in Olivenöl farblos anschwitzen. Den Risottoreis zugeben und kurz anschwitzen. Dann mit 2–3 Schöpfern heißem Fenchelknollen-Saft ablöschen. Dann einige Safranfäden, etwas Salz und etwas Piment d'Espelette hinzugeben. Den Fenchel putzen, würfeln und zugeben. Sobald der Reis die Flüssigkeit nahezu aufgesogen hat, immer wieder 1 Schöpfer heißen Fenchelknollen-Saft zugießen und nicht allzu oft rühren. Die gerösteten Erdnusskerne fein hacken und zugeben. In der Zwischenzeit das Fenchelgrün fein hacken und den Parmesan fein reiben. Sobald der Reis al dente gegart ist, den gezupften Steinbutt, die Bruschetta-Würzpaste, den geriebenen Parmesan, das Fenchelgrün und die kalte Butter zugeben. Den Topf kurz mit einem Deckel verschließen, anschließend den Deckel wieder abnehmen und den Risotto mit einem Kochlöffel kräftig durchrühren und durchschwenken, bis alles sämig gebunden ist. Den Risotto mit Salz und frisch gepresstem Zitronensaft abschmecken.

Danis Tipp: Der Safran-Fenchel-Risotto schmeckt auch ohne Steinbutt sehr gut.

Anrichten

Den Safran-Fenchel-Risotto auf Schalen oder tiefe Teller verteilen und genießen.

Anrichten

Den Fenchel-Grapefruit-Salat auf Teller verteilen und die Lachsröllchen darauf anrichten. Zum Schluss mit frischem Koriander garnieren und mit etwas Olivenöl beträufeln.

LACHS
im Tramezzino-Mantel

ZUTATEN FÜR 2 PERSONEN

LACHS IM TRAMEZZINO-MANTEL
- 2 Scheiben Tramezzino-Brot
- 250 g frisches Lachsfilet, ohne Haut
- Salz
- 1 Ei
- 50 g Butter

FENCHEL-GRAPEFRUIT-SALAT
- 1 große Fenchelknolle
- ½ rosa Grapefruit
- 25 g Cashewkerne
- einige frische Basilikumblätter
- ¼ Bund frischer Schnittlauch
- Salz
- 1 Prise Piment d'Espelette
- 15 ml Bio-Sojasauce
- 20 ml Olivenöl
- 15 ml Limettensaft

ANRICHTEN
- einige frische Korianderblätter
- etwas Olivenöl

LACHS IM TRAMEZZINO-MANTEL

Die Brotscheiben mit einem Rollholz fest und flach rollen, dabei die Ränder schmaler ausrollen. Die Brotscheiben einzeln mittig auf eine Lage Frischhaltefolie legen. Den Lachs rundherum salzen und mittig und längs auf das Brot legen. Seitlich überstehende Brotränder vorsichtig abschneiden. Die untere Brothälfte über die Lachstranche klappen. Die obere Brothälfte mit etwas verquirltem Ei bestreichen und alles zusammen aufrollen und fixieren. Die Lachsrolle mithilfe der Frischhaltefolie zu einer festen Rolle formen. Die Folienenden straff verschließen und verknoten, sodass ein kompaktes, dickes Bonbon entsteht. Die Lachsrollen in den vorgeheizten Backofen legen und bei 65 °C (Umluft) 30 Minuten garen. Anschließend aus der Folie lösen. Die Butter in einer Pfanne aufschäumen. Die Lachsrollen darin rundherum knusprig braten, dann auf Küchenkrepp kurz abtropfen lassen und quer in dicke Scheiben schneiden.

FENCHEL-GRAPEFRUIT-SALAT

Den Fenchel putzen, längs halbieren und in feine Streifen schneiden. Von der Grapefruit oben und unten eine Scheibe abschneiden, sodass sie eine Standfläche hat. Die Grapefruit zum Filetieren auf eine der flachen Seiten stellen. Dann mit einem sehr scharfen Messer die Schale vorsichtig so dick abschneiden, dass die weiße Haut vollständig mit entfernt wird. Die Grapefruit dann in die Hand nehmen und einzelne Filets mit einem Messer zwischen den Trennwänden herausschneiden. Die Grapefruitfilets in Stücke schneiden. Die Cashewkerne grob hacken. Alles zusammen in eine Schüssel geben. Die Kräuter fein schneiden und zugeben. Den Salat mit Salz und Piment d'Espelette würzen. Die Sojasauce, das Olivenöl und den frisch gepressten Limettensaft zugeben und locker vermengen. Zum Schluss nochmals abschmecken.

GEBEIZTER LACHS
mit Kohlrabi-Melonen-Salat & Popcorn-Vinaigrette

ZUTATEN FÜR 2 PERSONEN

MARINIERTER SAKE-LACHS
- 25 g Zucker
- 35 g Salz
- 350 g Sake
- 250 g frisches Lachsfilet ohne Haut, Mittelstück

POPCORN
- 25 g Olivenöl oder neutrales Pflanzenöl
- 1 Handvoll Popcorn-Mais

MAIS-POPKORN-VINAIGRETTE
- 50 g Maiskörner aus dem Glas
- 1 Handvoll frisches Popcorn (siehe Teilrezept)
- 35 ml Weißweinessig
- 25 ml Bio-Sojasauce
- 30 ml Ingwer-Shot Cranberry Meerrettich
- 1 EL feiner Senf
- 70 ml Olivenöl
- 1 Prise Piment d'Espelette
- »8 Pfeffermischung Grand Cuvée«
- Salz

KOHLRABI-MELONEN-MAIS-SALAT
- 1 Fenchelknolle
- 1 Kohlrabi
- 1 frische junge Zwiebel
- Kirschtomaten
- ½ reife Charentais-Melone oder Cantaloupe-Melone
- 40 g Maiskörner aus dem Glas
- Mais-Popkorn-Vinaigrette (siehe Teilrezept)

MARINIERTER SAKE-LACHS

Zucker und Salz mit Sake verrühren und in eine Form geben. Das entgrätete Lachsfilet in die Marinade einlegen und mit Frischhaltefolie bedecken. Den Lachs 36 Stunden im Kühlschrank marinieren lassen, danach säubern und kalt stellen.

POPCORN

Das Olivenöl in einem großen Topf erhitzen. Den Popcorn-Mais zugeben und den Topf mit einem Deckel verschließen. Die Hitze kontrollieren und ab und zu den Topf hin und her rütteln, bis die Maiskörner aufpoppen.

MAIS-POPKORN-VINAIGRETTE

Alle Zutaten in einen Mixer füllen, gut durchmixen und mit Piment d'Espelette, Pfeffer und Salz abschmecken.

KOHLRABI-MELONEN-MAIS-SALAT

Den Fenchel putzen und in feine Streifen schneiden. Den Kohlrabi schälen, zuerst in dünne Scheiben hobeln und anschließend in feine Streifen schneiden. Die Zwiebel putzen und in dünne Streifen schneiden. Die Kirschtomaten vierteln. Die Melone schälen, entkernen und in dünne Streifen schneiden. Alles mit den Maiskörnern in einer Schüssel vermengen. Die Mais-Popkorn-Vinaigrette darübergießen und locker vermischen.

Rolands Tipp: Den fertig marinierten Lachs vakuumieren und kalt stellen, so hält er sich mehrere Tage.

Anrichten

Den Kohlrabi-Melonen-Mais-Salat auf einer Servierplatte oder auf Tellern verteilen. Den Lachs leicht quer in dünne Scheiben schneiden und auf dem Salat anrichten. Zum Schluss mit dem restlichen Popcorn bestreuen.

Anrichten

Den Schmorkohlrabi vorsichtig aus der Alufolie herausnehmen. Den entstandenen Schmorsaft unter die Thunfisch-Vinaigrette rühren. Den Kohlrabi in Viertel schneiden und auf Tellern anrichten. Dann die Thunfisch-Vinaigrette darüber verteilen und mit Peperoncino-Chili bestreuen. Zum Schluss mit Basilikumspitzen garnieren. Dazu passt ein knuspriges Weißbrotstangerl.

KOHLRABI
tonnato

ZUTATEN FÜR 2 PERSONEN

SCHMORKOHLRABI AUS DEM OFEN
- 2 Kohlrabi
- Salz
- 25 ml Olivenöl
- 2 Zweige frischer Thymian
- 1 Knoblauchzehe, geschält
- 30 g Butter

THUNFISCH-VINAIGRETTE MIT GERÖSTETEN FENCHELSAMEN
- 100 g Thunfisch, in Olivenöl eingelegt
- 1 EL eingelegte Kapern, abgetropft
- 2 EL Taggiasca-Oliven
- 1 TL Fenchelsamen
- 20 ml Olivenöl
- 35 g getrocknete Tomaten, in Öl eingelegt
- 4 frische Zitronenfilets
- 25 g geröstete, gesalzene Mandelkerne
- 2 Anchovisfilets
- ½ TL geschrotete Knoblauch-Flakes
- 1 Prise Peperoncino-Chili ohne Saat
- einige Tropfen Colatura di alici, ersatzweise Fischsauce
- 20 ml Bio-Sojasauce

ANRICHTEN
- 1 Prise Peperoncino-Chili ohne Saat
- einige frische Basilikumspitzen
- 1 knuspriges Weißbrotstangerl

SCHMORKOHLRABI AUS DEM OFEN

Die Kohlrabis schälen und im Ganzen mittig auf je 1 Lage Alufolie legen. Dann mit Salz würzen und mit etwas Olivenöl beträufeln. Je 1 Thymianzweig, einige Knoblauchscheiben und etwas Butter zugeben. Dann den Kohlrabi fest in Alufolie einwickeln und im vorgeheizten Backofen bei 170 °C (Umluft) 1 Stunde weich schmoren.

THUNFISCH-VINAIGRETTE MIT GERÖSTETEN FENCHELSAMEN

Den Thunfisch mit den Händen in grobe Stücke zerrupfen. Die Kapern und die grob gehackten Oliven zugeben. Die Fenchelsamen in einem kleinen Topf in etwas Olivenöl anrösten und samt dem Olivenöl zum Thunfisch geben. Die getrockneten Tomaten und die Zitronenfilets klein schneiden und zugeben. Die Mandelkerne mit dem Messerrücken grob zerdrücken, hacken und zugeben. Die Anchovisfilets hacken und ebenfalls zugeben. Die Vinaigrette mit geschroteten Knoblauch-Flakes und Peperoncino-Chili würzen. Dann mit Colatura di alici, Sojasauce und reichlich Olivenöl abschmecken. Zum Schluss mit 1 Schluck Wasser verdünnen.

Rolands Tipp: Die Thunfisch-Vinaigrette mit gerösteten Fenchelsamen passt auch super als würzige Pasta-Sauce zu frisch gekochten Spaghetti. Oder 1 reife Avocado halbieren und reichlich Thunfisch-Vinaigrette zum Auslöffeln daraufgeben.

FORELLE
mit Soja-Meerrettich-Marinade

ZUTATEN FÜR 2 PERSONEN

FORELLE IN NUSSBUTTER
- 50 g Butter
- 1 frische ganze Forelle (siehe Tipp) oder 2 Forellenfilets ohne Haut (vom Fischhändler ausgelöst)
- Salz

SOJA-MEERRETTICH-MARINADE
- 50 ml Bio-Sojasauce
- 10 g frischer Meerrettich am Stück
- 1 Knoblauchzehe
- 50 ml Staudenselleriesaft, frisch entsaftet
- 10 ml Zitronensaft, frisch gepresst
- Forellen-Bratbutter (siehe Teilrezept)
- 15 ml Leindotteröl, ersatzweise Olivenöl

SELLERIE-BIRNEN-SALAT
- ¼ Knollensellerie
- 1 reife, feste Birne
- 10 g frische Blattpetersilie
- etwas zartes Staudenselleriegrün
- Salz
- 10 ml Weißweinessig
- 10 ml Leindotteröl, ersatzweise Olivenöl

ANRICHTEN
- etwas frischen Meerrettich am Stück
- einige Blätter Staudenselleriegrün

FORELLE IN NUSSBUTTER

Die Butter in einer Pfanne aufschäumen und langsam braun werden lassen, die Pfanne vom Herd nehmen. Die Forellenfilets in je 3 Stücke schneiden und mit Salz würzen, dann in die braune Butter legen. Kurz ziehen lassen und wenden, dabei immer wieder mit der Nussbutter übergießen und sanft in der Restwärme durchziehen lassen. Die Bratbutter für die Soja-Meerrettich-Marinade verwenden.

SOJA-MEERRETTICH-MARINADE

Die Sojasauce mit dem frisch geriebenen Meerrettich verrühren. Die Knoblauchzehe schälen, fein reiben und ebenfalls unterrühren. Den Staudenselleriesaft und etwas Zitronensaft zugeben. Die Marinade einige Minuten ziehen lassen. Danach die Forellen-Bratbutter und das Leindotteröl zugeben und verrühren. Die Marinade durch ein feines Sieb passieren und dabei den Meerrettich gut ausdrücken.

SELLERIE-BIRNEN-SALAT

Den Knollensellerie schälen und zuerst in dünne Scheiben hobeln und anschließend in feine Streifen schneiden. Die Birne samt Schale in dünne Scheiben hobeln und in feine Streifen schneiden. Petersilie und zartes Staudenselleriegrün hacken. Alles vermengen und mit Salz, Weißweinessig und etwas Leindotteröl marinieren.

Rolands Tipp: Fisch selbst filetieren.

Das 1. Filet auslösen: Den ganzen Fisch unter fließendem Wasser abbrausen und trocken tupfen. Den Fisch flach auf ein großes Schneidebrett legen. Der Fischkopf liegt rechts, der Rücken vorne und die Bauchlappen hinten. Das sehr scharfe Messer schräg hinter den Kiemen ansetzen und durch das Filet hindurch leicht schräg in Richtung Kopf schneiden. Messer drehen und bis zur Mittelgräte führen und entlang der Mittelgräte bis zum Schwanzende durchschneiden, dabei mit der Hand den Fischkopf festhalten. Das Filet abnehmen und beiseitelegen.
Das 2. Filet auslösen: Den Fisch nicht wenden, der Fisch liegt mit der Haut nach unten auf dem Schneidebrett. Das Messer hinter den Kiemen ansetzen und die Mittelgräte bis zum Schwanzende hin herausschneiden. Nun den Kopf abtrennen.
Bauch- und Rückengräte auslösen: Bei den ausgelösten Filets das Messer nun flach an der Bauchhöhle ansetzen und vorsichtig die Bauchgräten herausschneiden. Die Rückengräten ebenfalls herausschneiden. **Haut abziehen und Gräten ziehen:** Das Fischfilet mit der Haut nach unten auf das Schneidebrett legen. Die Haut am Schwanzende anschneiden. Die Haut festhalten und mit dem bewegten Messer parallel zur Arbeitsfläche das Filet von der Haut lösen. Die noch vorhandenen Gräten sorgfältig mit einer Fischpinzette herausziehen.

Hinweis

Die Fischgräten lassen sich am besten herausziehen, wenn der fangfrische Fisch 1 Tag vor dem Filetieren gut gekühlt ruhen durfte.

Anrichten

Je 1 Forellenfilet-Stück mittig auf Tellern anrichten und abwechselnd mit dem Sellerie-Birnen-Salat und weiteren 2 Forellenfilet-Stücken zu einem Türmchen schichten. Dann die Soja-Meerrettich-Marinade rundherum angießen und frischen Meerrettich darüberreiben. Zum Schluss mit zartem Staudenselleriegrün garnieren.

Anrichten

Die Thunfischsteaks auf Teller legen und mit dem Erdnuss-Soja-Lack überziehen. Den marinierten Asia-Salat dazugeben und mit frischem Koriandergrün garnieren.

THUNFISCH
mit Asia-Salat

ZUTATEN FÜR 2 PERSONEN

KORIANDER-WASABI-VINAIGRETTE
- 10 g frische Korianderstängel
- ¼ Bund frischer Schnittlauch
- 20 ml Zitronensaft
- 30 ml Limettensaft
- 25 ml Olivenöl
- 1 TL geröstetes Sesamöl
- 20 g eingelegter Sushi-Ingwer, in Scheiben
- Piment d'Espelette
- 1 TL Wasabipaste
- 25 ml Bio-Sojasauce
- Salz

ASIA-SALAT
- 4 Karotten
- 100 g Zuckerschoten
- 1 EL Olivenöl
- Salz
- 1 Knoblauchzehe
- 100 g Sojabohnensprossen
- 1 Blutorange
- Koriander-Wasabi-Vinaigrette (siehe Teilrezept)

THUNFISCH MIT ERDNUSS-SOJA-LACK
- 2 Scheiben roher Thunfisch à ca. 200 g
- Salz
- »8 Pfeffermischung Grand Cuvée«
- 25 ml Olivenöl
- 30 g Butter
- 2 EL schwarze Sesamsamen
- 20 g Erdnusskerne ohne Salz
- 1 EL Honig
- Blutorangensaft (siehe Teilrezept »Koriander-Wasabi-Vinaigrette«)
- 15 ml Bio-Sojasauce
- 1 unbehandelte Limette

ANRICHTEN
- etwas frisches Koriandergrün

KORIANDER-WASABI-VINAIGRETTE

Die Korianderstängel und den Schnittlauch fein schneiden. Den Zitronensaft, den Limettensaft, das Olivenöl und das Sesamöl zugeben. Den Sushi-Ingwer in feine Streifen schneiden und zugeben. Dann mit Piment d'Espelette und Wasabipaste würzen, gut vermengen und mit Sojasauce und Salz abschmecken.

ASIA-SALAT

Die Karotten schälen und mit einem Sparschäler dünne Streifen abschälen. Die Stielansätze von den Zuckerschoten mit den Fingern abknipsen, die Fäden abziehen und in feine Streifen schneiden. Das Olivenöl in einer Pfanne erhitzen und darin die Zuckerschoten anbraten und mit Salz würzen. Die Knoblauchzehe schälen und mit einer Präzisionsreibe über die Zuckerschoten reiben und durchschwenken. Die Sojabohnenkeimlinge zugeben, kurz durchschwenken und die Gemüsemischung in eine Schüssel füllen. Die Blutorange mit einem Messer großzügig abschälen und zwischen den Trennhäuten die einzelnen Filets herauslösen. Die Trennhäute gut mit den Händen ausdrücken und den Saft für die Zubereitung des Erdnuss-Soja-Lacks (siehe Teilrezept) beiseitestellen. Die Blutorangenfilets und die Karottenstreifen zum Salat geben. Die Koriander-Wasabi-Vinaigrette darüber verteilen und locker vermengen.

THUNFISCH MIT ERDNUSS-SOJA-LACK

Den Thunfisch beidseitig mit Salz und Pfeffer würzen. Das Olivenöl in einer Pfanne erhitzen und den Thunfisch darin beidseitig wenige Sekunden sehr scharf anbraten. Dann aus der Pfanne nehmen. Der Thunfisch bleibt innen roh. Die Butter in die heiße Pfanne geben und aufschäumen. Die Sesamsamen und die grob gehackten Erdnusskerne zugeben und kurz anrösten. Dann mit dem Honig karamellisieren und mit dem Blutorangensaft und der Sojasauce ablöschen. Alles kurz einköcheln lassen. Zum Schluss mit frisch geriebener Limettenschale und frisch gepresstem Limettensaft verfeinern.

FISCHPFLANZERL
mit Nori-Zitronen-Mayo

ZUTATEN FÜR 2 PERSONEN

FISCHFARCE
- 75 g frisches Zanderfilet ohne Haut, grätenfrei
- 50 ml Sahne, eiskalt
- 4 Eiswürfel, grob zerstoßen
- 1 Eiweiß

FISCHPFLANZERL
- 180 g frisches Zanderfilet ohne Haut, grätenfrei
- ½ Fenchelknolle
- Fischfarce (siehe Teilrezept)
- ½ TL Kürbisgewürz
- Piment d'Espelette
- Salz
- 1 Bio-Zitrone
- 1 Knoblauchzehe, geschält
- 20 g frischer Ingwer, geschält
- 2 EL Sesamsamen, geröstet
- 2 Toastbrotscheiben
- reichlich Olivenöl zum Braten
- 30 g Butter

GURKENSALAT MIT BUTTERMILCH UND PASSIONSFRUCHT
- 1 Salatgurke
- Salz
- 1 EL Schnittlauchröllchen
- 2 frische Zitronenfilets
- 1 Passionsfrucht
- 50 ml Buttermilch
- 20 ml Olivenöl

NORI-ZITRONEN-MAYO
- 2 Eigelb
- 2 frische Zitronenfilets
- 15 ml Bio-Sojasauce
- 2 Nori-Algenblätter
- 120 ml Traubenkern- oder Sonnenblumenöl
- Salz

FISCHFARCE

Die Zanderfilet in grobe Würfel schneiden und in einen Universalmixer geben. Die eiskalte flüssige Sahne angießen. Die Eiswürfel und das flüssige Eiweiß zugeben und alles zusammen zu einer feinen Farce mixen.

FISCHPFLANZERL

Das Zanderfilet säubern, trocken tupfen und in kleine Würfel schneiden. Die Fenchelknolle putzen und in sehr feine Würfel schneiden. Die Fischfarce zugeben und mit Kürbisgewürz, Piment d'Espelette und Salz würzen. Etwas geriebene Zitronenschale, die Knoblauchzehe und den Ingwer fein reiben und zugeben. Die gerösteten Sesamsamen zugeben. Alles mit einem Gummispatel gut vermengen, bis die Masse eine Bindung aufweist. Die Rinde von den Toastbrotscheiben abschneiden. Die Toastbrotscheiben mit einem gezackten Messer quer halbieren und in sehr feine Würfel schneiden. Das Olivenöl in einer Pfanne erhitzen. Aus der Fischmasse kleine Frikadellen formen und beidseitig mit den Toastbrotwürfeln panieren. Die Fischpflanzerl beidseitig je 3–4 Minuten langsam goldbraun braten, zwischendurch öfters wenden. Je nach Bedarf noch etwas Olivenöl zugeben. Gegen Ende der Bratzeit die Butter zugeben und mit Kürbisgewürz bestreuen.

GURKENSALAT MIT BUTTERMILCH UND PASSIONSFRUCHT

Die Salatgurke schälen, längs halbieren und die Kerne mit einem Löffel herausschaben. Dann leicht quer in dünne Streifen schneiden. Die Gurkenstreifen mit Salz würzen und vermengen. Schnittlauch und die Zitronenfilets fein schneiden. Das Passionsfruchtfleisch auslösen. Alles zugeben und mit Buttermilch und Olivenöl vermengen und einige Minuten ziehen lassen. Danach nochmals mit Salz abschmecken.

NORI-ZITRONEN-MAYO

Eigelbe, gehackte Zitronenfilets und Sojasauce in einen hohen Mixbecher füllen. Die Nori-Algenblätter zerbröseln und zugeben. Mit einem Stabmixer mixen. Dann nach und nach das Traubenkernöl in einem dünnen Strahl einlaufen lassen und weitermixen, bis eine Emulsion entstanden ist. Die Nori-Zitronen-Mayo mit Salz abschmecken und in einen Einwegspritzbeutel mit glatter Tülle füllen.

Rolands Tipp: Zitrone filetieren: Von der Zitrone oben und unten eine Scheibe abschneiden, sodass sie eine Standfläche hat. Die Zitrone zum Filetieren auf eine der flachen Seiten stellen. Dann mit einem sehr scharfen Messer die Schale vorsichtig so dick abschneiden, dass die weiße Haut vollständig mit entfernt wird. Die Zitrone dann in die Hand nehmen und einzelne Zitronenfilets mit einem Messer zwischen den Trennwänden herausschneiden.

Anrichten

Den Gurkensalat auf Tellern verteilen und darauf die Fischpflanzerl anrichten. Etwas Nori-Zitronen-Mayo aufspritzen und nach Belieben mit ausgelösten Finger-Lime-Perlen garnieren.

Anrichten

Die gebratene Seezunge am besten auf eine vorgewärmte Servierplatte legen. Die Speckkartoffeln zu der Fischbratbutter in die Pfanne geben und durchschwenken. Dann die Speckkartoffeln durch ein Sieb abtropfen lassen und die Bratbutter auffangen. Die Speckkartoffeln über der Seezunge verteilen und servieren. Nach Belieben die Bratbutter mit etwas Weißbrot dazu reichen.

SEEZUNGE
mit Speckkartoffeln

ZUTATEN FÜR 2 PERSONEN

SEEZUNGE VORBEREITEN
- 1 große frische Seezunge

SEEZUNGE BRATEN
- 1 Seezunge, küchenfertig vorbereitet (siehe Teilrezept)
- Salz
- 3 EL Olivenöl
- 100 g Butter
- 1 Knoblauchzehe
- 1 Zitronenspalte
- Piment d'Espelette

SPECKKARTOFFELN MIT PETERSILIE
- 250 g festkochende Kartoffeln
- etwas Olivenöl
- 1 Schalotte
- 30 g geräucherter roher Bauchspeck
- etwas Bratbutter vom Fisch (siehe Teilrezept)
- Salz
- ¼ Bund frische Blattpetersilie

SEEZUNGE VORBEREITEN

Den Fisch mit der hellen Hautseite nach unten auf ein großes Schneidebrett legen. Der Kopf liegt rechts. Die Schwanzflosse mit einem scharfen Messer einschneiden und die Haut zum Fischkörper hin etwa 2 cm abschaben und lösen. Dann mit den Fingern die Haut etwa 3 cm sorgfältig ablösen und freilegen. Die Fischhaut mit einem Geschirrtuch greifen und nach und nach ruckartig abziehen, dabei den Fisch mit der linken Handfläche flach drücken und fixieren. Die Seezunge wenden und die helle Haut ebenfalls abziehen. Den Fischkopf mit einer scharfen Küchenschere abschneiden. Dann die Seitenflossen ebenfalls abschneiden. Danach die Innereien ausnehmen und unter fließend kaltem Wasser säubern. Die Schwanzflosse abschneiden und den Fisch zum Schluss trocken tupfen.

SEEZUNGE BRATEN

Die Seezunge an der dicksten Stelle entlang der Mittelgräte 2–3 mm einschneiden, damit sie gleichmäßig gart. Dann beidseitig mit Salz würzen. Das Olivenöl in einer beschichteten Pfanne erhitzen. Die Seezunge in die Pfanne legen und beidseitig je 3–5 Minuten gleichmäßig anbraten. Die Butter zugeben und aufschäumen, aber nicht braun werden lassen. Die Seezunge bei milder Hitze mit schäumender Butter immer wieder übergießen und einige Minuten arrosieren. Zum Schluss hin eine angedrückte Knoblauchzehe und eine Zitronenspalte mitbraten und mit Piment d'Espelette würzen.

SPECKKARTOFFELN MIT PETERSILIE

Die Kartoffeln schälen und in etwa 0,5 cm kleine Würfel schneiden. Das Olivenöl in einer Pfanne erhitzen und darin die Kartoffelwürfel 5–6 Minuten anbraten, dabei öfters durchschwenken. Die Schalotte schälen und fein hacken. Den Bauchspeck fein würfeln. Beides zu den Kartoffeln geben und mitbraten. Dann etwas Bratbutter von der Seezunge zugeben und mit Salz würzen. Die Blattpetersilie hacken und unterschwenken.

GRATINIERTER OKTOPUS

ZUTATEN FÜR 2 PERSONEN

OKTOPUS KOCHEN AUF VORRAT
- 1 Oktopus, küchenfertig etwa 1,5 kg (frisch vom Fischhändler oder aufgetaute TK-Ware)
- 2 Zwiebeln
- 1 Fenchelknolle
- ½ Sellerieknolle
- 1 Zitrone
- Salz

FENCHEL-KNOBLAUCH-ÖL
- 2 Knoblauchzehen
- 40 ml Olivenöl
- ½ TL Fenchelsamen

OKTOPUS GRATINIEREN
- 300 g vorgegarte Oktopusarme (siehe Teilrezept)
- 15 g Olivenöl
- 1 Prise Peperoncino-Chili ohne Saat
- Fenchel-Knoblauch-Öl (siehe Teilrezept)
- 125 g Kirschtomaten
- 100 g kleine Mozzarellakugel

RÖSTBROT
- 1 Focaccia, Ciabatta oder Fladenbrot, gerne vom Vortag
- 1 EL frischer Thymian, gehackt
- Salz
- 25 ml Olivenöl

ANRICHTEN
- 1 Zitrone zum Beträufeln
- 1 Bio-Limette
- 1 Prise Peperoncino-Chili ohne Saat
- grobes Meersalz
- etwas Olivenöl

OKTOPUS KOCHEN

Den Oktopus waschen und beiseitelegen. Das Gemüse schälen, grob würfeln und in einem großen Topf mit reichlich Wasser aufkochen. Den Oktopus sowie frisch gepressten Zitronensaft und etwas Salz zugeben. Alles zusammen zugedeckt etwa 1,5 Stunden sanft köcheln lassen. Der Oktopus ist gar, wenn sich die Arme mit einem spitzen Messer leicht durchstechen lassen. Den Oktopus im Sud abkühlen lassen. Danach die Oktopusarme vom Kopf abtrennen.

FENCHEL-KNOBLAUCH-ÖL

Die Knoblauchzehen schälen und fein hacken. Das Olivenöl in einem Topf erhitzen und darin die Fenchelsamen anrösten. Den Knoblauch zugeben und kurz mitrösten. Das Fenchel-Knoblauch-Öl vom Herd nehmen und einige Minuten ziehen lassen.

OKTOPUS GRATINIEREN

Den Backofen rechtzeitig auf 275 °C (Oberhitze) vorheizen. Die Oktopusarme in daumendicke Stücke schneiden und mit Olivenöl und Chili marinieren. Das Fenchel-Knoblauch-Öl in einer ofenfesten Form (am besten aus Gusseisen) verteilen. Den marinierten Oktopus darauf verteilen. In die Zwischenräume halbierte Kirschtomaten und grob gewürfelten Mozzarella setzen. Den Oktopus im Backofen etwa 10–15 Minuten gratinieren, dabei öfters kontrollieren. Je nach Bräunung gegen Ende der Backzeit die Form in die oberste Backofenschiene schieben und knusprig gratinieren.

RÖSTBROT

Das Brot in etwa 1 cm dicke Streifen oder Scheiben schneiden. Den Thymian hacken und mit Salz und Olivenöl vermischen. Das Brot mit der Marinade bestreichen und in einem heißen Kontaktgrill oder in einer Pfanne beidseitig knusprig rösten.

Rolands Tipp: Der Oktopus kann auch in größeren Mengen auf Vorrat gekocht werden. Die Oktopusarme einfrieren und vor dem Gebrauch auftauen lassen.

Anrichten

Etwas Zitronensaft über den gratinierten Oktopus träufeln und frische Limettenschale darüberreiben. Dann mit Chili und grobem Meersalz bestreuen und mit Olivenöl beträufeln. Das Röstbrot dazu reichen und am besten in der Form servieren.

Anrichten

Die Calamari mit Kürbis und Fenchel auf
Tellern anrichten und servieren.

CALAMARI
mit Kürbis und Fenchel

ZUTATEN FÜR 2 PERSONEN

GEMÜSE UND CALAMARI VORBEREITEN
- 1 Fenchelknolle
- 1 kleiner Butternut-Kürbis
- 100 g Kirschtomaten
- 250 g geputzte Calamari-Tuben, frisch oder aufgetaut

BRATEN UND WÜRZEN
- etwas Olivenöl
- vorbereitets Gemüse (siehe Teilrezept)
- Salz
- rohe Calamari-Streifen (siehe Teilrezept)
- Kirschtomaten (siehe Teilrezept)
- 1 EL »FREE Kräuter Fisch«-Gewürzmischung
- 15 ml frisch gepresster Zitronensaft

GEMÜSE UND CALAMARI VORBEREITEN

Die Fenchelknolle putzen, längs halbieren und in dünne lange Streifen schneiden. Den Butternut-Kürbis schälen und in dünne Scheiben hobeln. Die Kürbisscheiben in dünne Streifen schneiden. Die Kirschtomaten vierteln. Die Calamari-Tuben unter fließendem Wasser säubern, abtropfen lassen und längs in dünne Streifen schneiden. Alles getrennt beiseitestellen.

BRATEN UND WÜRZEN

Eine beschichtete Pfanne gut vorheizen und etwas Olivenöl zugeben. Die Kürbis- und Fenchelstreifen zugeben und scharf anbraten. Dann mit Salz würzen und durchschwenken. Das Gemüse an den Pfannenrand schieben und etwas Olivenöl auf der freien Bratfläche erhitzen. Die Calamari-Streifen zugeben und kurz und sehr scharf anbraten. Die Kirschtomaten auf dem Kürbis-Fenchel-Gemüse verteilen. Alles zusammen gut durchschwenken. Dann mit etwas »FREE Kräuter Fisch«-Gewürzmischung würzen. Etwas Olivenöl darüberträufeln und nochmals durchschwenken. Alles mit frisch gepresstem Zitronensaft verfeinern.

Rolands Tipp: Für ein Pasta-Gericht die Calamari-Kürbis-Fenchel-Mischung mit frisch gekochten Spaghetti vermengen.

TOMATEN-ARME-RITTER
mit Garnelen

ZUTATEN FÜR 2 PERSONEN

GARNELEN IN KNOBLAUCHÖL
- 8 rohe Garnelen, geschält
- Salz
- 1 Zitrone
- 20 ml Olivenöl
- 2 Knoblauchzehen

ARME RITTER
- ½ Kasten-Weißbrot, gerne vom Vortag
- 2 Eier
- 250 ml Vollmilch
- 125 ml Sahne
- 2 EL Tomatenmark
- 3 EL Tomatenketchup
- 1 Zweig frisches Basilikum
- 3 Knoblauchzehen
- Salz
- Pfeffermischung »Schwarzes Gold«
- Knoblauchöl (siehe Teilrezept)
- 20 g Butter
- 1 Zweig frischer Thymian
- 1 Zweig frischer Rosmarin
- 15 ml Olivenöl

MARINIERTE AVOCADO UND TOMATEN
- 1 reife Avocado
- 1 EL Avocado-Gewürz
- grobes Meersalz
- 5 Kirschtomaten

ANRICHTEN
- 2 Zweige griechisches Basilikum

GARNELEN IN KNOBLAUCHÖL

Die Garnelen vom Darm befreien, unter fließendem kaltem Wasser säubern und trocken tupfen. Die Garnelen salzen und mit etwas frisch gepresstem Zitronensaft beträufeln. Das Olivenöl in einer Pfanne erhitzen. Die Knoblauchzehen leicht andrücken, halbieren und vorsichtig das Olivenöl damit aromatisieren. Danach wieder herausnehmen. Die Garnelen zugeben und beidseitig je 1–2 Minuten scharf anbraten. Die Knoblauchgarnelen aus der Pfanne nehmen. Die Pfanne mit dem Knoblauchöl für die Armen Ritter (siehe Teilrezept) verwenden.

ARME RITTER

Das Kasten-Weißbrot in 4 etwa 3–4 cm dicke Scheiben schneiden, danach die Rinde abschneiden und in je 2 Hälften schneiden. Die Eier, die Vollmilch, die Sahne, das Tomatenmark, den Tomatenketchup und das Basilikum in einen Mixbecher geben. 1 Knoblauchzehe schälen, in Scheiben schneiden und zugeben. Alles zusammen fein mixen und mit Salz und Pfeffer abschmecken. Die Tomaten-Eier-Milch in eine flache Schüssel oder Auflaufform gießen. Das Weißbrot einlegen und etwa 30 Minuten quellen lassen, dabei öfters wenden. Die Pfanne mit dem Knoblauchöl erhitzen, in der die Garnelen gebraten wurden (siehe Teilrezept). Die anderen beiden Knoblauchzehen andrücken, zusammen mit der Butter, den Kräuterzweigen und dem Olivenöl zugeben. Das eingeweichte Weißbrot in das Knoblauch-Kräuter-Öl legen und bei mittlerer Temperatur von allen Seiten goldbraun anbraten.

MARINIERTE AVOCADO UND TOMATEN

Die Avocado halbieren, vom Stein befreien und schälen. Dann in grobe Würfel schneiden. Die Avocadowürfel mit etwas Avocado-Gewürz und grobem Meersalz vermengen. Die Kirschtomaten halbieren, leicht salzen und zu den marinierten Avocadowürfeln geben.

Anrichten

Je 2 Arme Ritter auf jeden Teller legen und mit marinierter Avocado, Kirschtomaten und Knoblauch-Garnelen belegen. Dann mit etwas Knoblauch-Bratbutter beträufeln und mit Basilikumspitzen garnieren.

Hauptdarsteller

Gemüse

GEGRILLTER SPARGEL
mit Bio-Sojasauce-Hollandaise

ZUTATEN FÜR 2 PERSONEN

GEGRILLTER SPARGEL
– 12 frische weiße Spargelstangen
– 80 g Butter
– 25 ml Olivenöl
– Salz
– Parmesan am Stück
– Semmelbrösel

BIO-SOJASAUCE-HOLLANDAISE
– 200 g Butter
– 2 Eigelb
– 25 ml Bio-Sojasauce
– 15 ml frisch gepresster Zitronensaft
– Piment d'Espelette

EDAMAME
– 40 g Butter
– 100 g frische Edamame-Bohnenkerne
– 20 ml Bio-Sojasauce
– ¼ Bund frischer Schnittlauch
– Piment d'Espelette

GEGRILLTER SPARGEL

Den weißen Spargel äußerst sorgfältig mit einem Spargelschäler schälen, dazu die Spargelstange nach jedem abgeschälten Schalenstreifen immer leicht drehen, sodass die Spargelstange gleichmäßig und rund abgeschält wird. Die unteren holzigen Enden abschneiden. Die Spargelstangen entweder über einem heißen Grill, auf dem Kontaktgrill oder in einer heißen Pfanne braten. Dazu die Spargelstangen mit etwas Butter belegen, mit etwas Olivenöl beträufeln und mit Salz würzen. Anschließend rundherum mit Farbe braten. Zum Schluss etwas Parmesan darüberreiben, mit Semmelbröseln bestreuen und nochmals mit etwas Butter belegen. Dann nochmals kurz rösten.

BIO-SOJASAUCE-HOLLANDAISE

Die Butter in einem Topf behutsam schmelzen und anschließend beiseiteziehen. Die Eigelbe in einen Metallschlagkessel geben und die Sojasauce zugeben. Den Metallschlagkessel über ein heißes Wasserbad stellen und mit dem Schneebesen etwa 5 Minuten schaumig aufschlagen. Dabei immer wieder die Hitze kontrollieren, sonst stockt das Eigelb. Anschließend zum Fixieren zwischen Topf und Metallschlagkessel ein Küchentuch klemmen. Danach tröpfchenweise die geschmolzene Butter unter stetigem Rühren einlaufen lassen und weiterschlagen, bis eine cremige Masse entstanden ist. Die Hollandaise mit frisch gepresstem Zitronensaft und Piment d'Espelette abschmecken und in eine Espuma-Flasche füllen. Diese mit 2 N^2O-Kapseln bestücken und bis zum Anrichten in ein warmes Wasserbad stellen.

EDAMAME

Die Butter in einer Pfanne zerlassen. Die Edamame-Bohnenkerne zugeben und kurz farblos anbraten. Dann etwas Sojasauce zugeben und durchschwenken. Den Schnittlauch in feine Röllchen schneiden und untermengen. Dann mit Piment d'Espelette würzen und nochmals gut durchschwenken.

Rolands Tipp: Aus den Spargelabschnitten und -schalen am besten eine Suppe kochen oder zu Saft verarbeiten und als Schüttflüssigkeit für zum Beispiel Risotto verwenden.

Anrichten

Den gegrillten Spargel auf Teller verteilen und darüber die Edamame-Bohnenkerne verteilen. Zum Schluss einige Kleckse Bio-Sojasauce-Hollandaise aufspritzen und genießen.

Anrichten

Die Brösel-Kartoffeln auf Teller verteilen und jede einzelne Kartoffel mit einem Tupfen Soja-Mayo garnieren. Zum Schluss mit frischen Schnittlauchröllchen bestreuen und grobem Meersalz würzen.

GEBRATENE BRÖSEL-KARTOFFELN
mit Soja-Mayo

ZUTATEN FÜR 2 PERSONEN

BRÖSEL-KARTOFFELN
- reichlich Butter
- 400 g kleine festkochende Pellkartoffeln, vorgegart und geschält
- 1 Knoblauchzehe, geschält
- 2 Zweige frischer Thymian
- 1 Zwiebel
- Pfeffermischung »Schwarzes Gold«
- grobes Meersalz
- 50 g Panko-Panierbrösel
- 50 g Semmelbrösel
- 30 g geriebene Haselnusskerne

SOJA-MAYO
- 40 g Butter
- 2 frische Eigelb
- 15 ml Zitronensaft, frisch gepresst
- 15ml Bio-Sojasauce
- 2 EL geräuchertes Paprikapulver
- 120 ml Olivenöl

ANRICHTEN
- frischer Schnittlauch, fein geschnitten
- grobes Meersalz

BRÖSEL-KARTOFFELN

Reichlich Butter in einer beschichteten Pfanne erhitzen und die gepellten ganzen Kartoffeln darin anbraten. Die ganze geschälte Knoblauchzehe und die Thymianzweige zugeben. Die Zwiebel schälen, fein hacken und zugeben. Dann mit Pfeffer und grobem Meersalz würzen. Reichlich Panko-Panierbrösel, Semmelbrösel und geriebene Haselnusskerne zugeben. Nochmals reichlich Butter zugeben und alles zusammen anrösten, dabei öfters schwenken und durchrühren.

SOJA-MAYO

Die Butter in einem Topf zerlassen und langsam braun werden lassen. Die Nussbutter aus dem Topf gießen und abkühlen lassen. Die gebräunten Molke-Rückstände im Topf belassen und ebenfalls beiseitestellen.

Die Eigelbe, den frisch gepressten Zitronensaft, die Sojasauce und etwas geräuchertes Paprikapulver in einen hohen Mixbecher geben. Alles zusammen kurz anmixen. Dann nach und nach das Olivenöl in einem dünnen Strahl einlaufen lassen und stetig weitermixen. Anschließend die Nussbutter zugeben und alles zusammen zu einer Emulsion mixen. Zum Schluss die Nussbutter-Rückstände untermixen. Die Soja-Mayo am besten in einen Einweg-Spritzbeutel füllen.

Variante: Roh geräucherten Bauchspeck oder Chorizo-Wurst klein würfeln und mit anbraten.

GEBRATENER ROSENKOHL
mit Speck und Curry

ZUTATEN FÜR 2 PERSONEN

SAUERRAHM-SCHNITT-LAUCH-DIP
– ¼ Bund Schnittlauch
– 3 EL Sauerrahm
– Salz
– 1 Prise Curry-Gewürzmischung

GEBRATENER ROSENKOHL
– 300 g frischer Rosenkohl
– neutrales Pflanzenöl
– 60 g geräucherter Bauchspeck
– 1 weiße Zwiebel
– 30 g Butter
– Salz
– 1 EL Curry-Gewürzmischung
– 1 Knoblauchzehe
– 1 kleine Snack-Zitrone (Limequat)
– 3 EL Sonnenblumenkerne

ANRICHTEN
– etwas Curry-Gewürzmischung

SAUERRAHM-SCHNITTLAUCH-DIP

Den Schnittlauch in feine Röllchen schneiden und mit dem Sauerrahm verrühren. Den Dip mit Salz und Curry abschmecken.

GEBRATENER ROSENKOHL

Den Rosenkohl putzen, dazu die äußeren Blätter abtrennen. Die Rosenkohlröschen längs durch den Strunk hindurch halbieren. Das Pflanzenöl in einer Pfanne erhitzen und darin den Rosenkohl mit guten Röststoffen anbraten. Den Bauchspeck würfeln. Die Zwiebel schälen und fein schneiden. Beides mit etwas Butter zum Rosenkohl geben. Alles mit Salz und Curry würzen. Die Knoblauchzehe schälen, fein würfeln und zugeben. Die Snack-Zitrone samt der Schale klein würfeln und mit den Sonnenblumenkernen ebenfalls zugeben. Alles zusammen immer wieder gut durchschwenken und knackig rösten. Zum Schluss noch mal mit Salz abschmecken.

Anrichten

Den gebratenen Rosenkohl auf Tellern anrichten und den Sauerrahm-Schnittlauch-Dip klecksartig daraufgeben. Zum Schluss mit etwas Curry bestäuben.

Anrichten

Die fertige Shakshuka mit gehackter Petersilie, fein geschnittenem Frühlingslauch und etwas italienischer Gewürzmischung bestreuen. Zum Schluss mit etwas Olivenöl beträufeln und in der Form servieren.

SHAKSHUKA
mit Wachteleiern

ZUTATEN FÜR 2 PERSONEN

SHAKSHUKA
- 1 rote Zwiebel
- 20 ml Olivenöl
- 1 Knoblauchzehe
- 1 rote Spritzpaprika
- 20 g Pinienkerne
- Salz
- 8 Kirschtomaten
- 2 Datteln, entsteint
- 1 EL italienische Gewürzmischung
- 15 ml Limettensaft
- 10 Wachteleier
- 80 g Schafskäse, in Lake

ANRICHTEN
- 2 EL frische Blattpetersilie, fein gehackt
- 2 Frühlingslauch, in feine Ringe geschnitten
- 1 EL italienische Gewürzmischung
- etwas Olivenöl zum Beträufeln

SHAKSHUKA

Die Zwiebel schälen und in feine Würfel schneiden. Das Olivenöl in einer Sauteuse erhitzen und die Zwiebeln darin glasig dünsten. Die Knoblauchzehe schälen und mit einer Reibe darüberreiben. Die Spitzpaprika längs halbieren, putzen und in Streifen schneiden. Die Paprikastreifen mitbraten. Die Pinienkerne und etwas Salz zugeben und anrösten. Die Kirschtomaten und die Datteln klein schneiden und ebenfalls zugeben. Alles mit der italienischen Gewürzmischung würzen und mit 1 Schluck Wasser ablöschen. Dann mit Limettensaft verfeinern und etwa 8–10 Minuten einköcheln. Den Schmoransatz mit Salz und der Gewürzmischung abschmecken und in eine ofenfeste Form füllen. Die Wachteleier mit einem Sägemesser vorsichtig einritzen, aufbrechen und direkt in den Schmoransatz gleiten lassen. Etwas Schafskäse darüber verteilen. Die Shakshuka in den vorgeheizten Backofen schieben und bei 190 °C (Umluft) etwa 10 Minuten überbacken. Die Wachteleier sollen nicht ganz gestockt sein.

GEBRATENER BUTTER-BLUMENKOHL
mit Miso

ZUTATEN FÜR 2 PERSONEN

SOJA-MISOPASTE
- 1 EL helle Misopaste
- 3 EL Bio-Sojasauce
- Piment d'Espelette

GEBRATENER BUTTER-BLUMENKOHL
- 1 frischer Blumenkohl
- reichlich Butter zum Braten
- Soja-Misopaste (siehe Teilrezept)

SESAM-BUTTER-BRÖSEL
- 3 EL helle Sesamsamen
- etwas Butter
- 3 EL Semmelbrösel oder Panko-Panierbrösel

ANRICHTEN
- 3 EL frischer Schnittlauch, fein geschnitten

SOJA-MISOPASTE

Die Misopaste mit der Sojasauce zu einer glatten Paste rühren und mit Piment d'Espelette würzen.

GEBRATENER BUTTER-BLUMENKOHL

Die äußeren Blätter vom Blumenkohl abtrennen und die Blumenkohlröschen vom Stunk abschneiden. Die Blumenkohlröschen eher größer lassen und längs halbieren. Reichlich Butter in einer Pfanne aufschäumen. Die Blumenkohlröschen mit der Schnittfläche nach unten hineinlegen und goldbraun anbraten. Dann wenden, erneut etwas Butter zugeben und weiterbraten. Die angebratenen Schnittflächen mit Miso-Soja-Paste einstreichen und weiterbraten, bis der Blumenkohl bissfest gegart ist.

SESAM-BUTTER-BRÖSEL

Die Sesamsamen in einer Pfanne ohne Fettzugabe rösten, dann herausnehmen. Die Butter in der heißen Pfanne aufschäumen und die Semmelbrösel darin rösten. Zum Schluss die gerösteten Sesamsamen zugeben und gut vermengen.

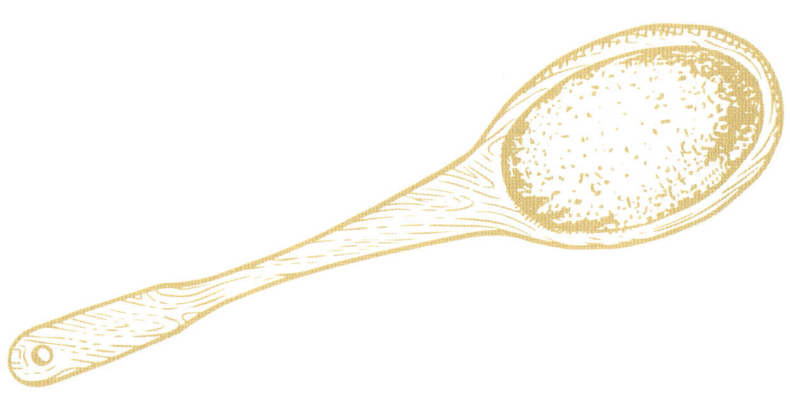

Anrichten

Den gebratenen Butter-Blumenkohl auf Teller verteilen. Die Sesam-Butter-Brösel darüber verteilen und mit frisch geschnittenem Schnittlauch bestreuen.

Anrichten

Die Kürbis-Puntalette auf tiefe Teller verteilen und einen Hauch Kaffeepulver darüberstreuen. Dann die Parmesan-Chips darübergeben und genießen.

KÜRBIS-PUNTALETTE

ZUTATEN FÜR 2 PERSONEN

EINGELEGTER KÜRBIS UND KÜRBISSAFT
- 50 g Zucker
- 50 ml Weißweinessig
- 50 ml Wasser
- 1 mittelgroßer Hokkaido-Kürbis

PUNTALETTE
- 20 g Butter
- 10 ml Olivenöl
- 1 Schalotte
- 130 g Puntalette (Reisnudeln)
- 200 ml Gemüsefond
- 200 ml Kürbissaft (siehe Teilrezept)
- Salz
- 10 g frischer Ingwer, geschält
- 1 Bio-Limette
- 1 EL frischer Thymian, fein gehackt
- 1 EL Mascarpone
- eingelegter Kürbis (siehe Teilrezept)
- 30 g Parmesan am Stück
- 75 g kalte Butter zum Binden

PARMESAN-CHIPS
- reichlich Parmesan am Stück

ANRICHTEN
- 1 EL gemahlene Kaffeebohnen

KÜRBIS-PICKLE UND KÜRBISSAFT

Für den Einlegesud den Zucker, den Weißweinessig und das Wasser einmal aufkochen und vollständig abkühlen lassen. Den Kürbis in dicke Spalten schneiden und die Kerne herauslösen. Davon etwa 80 g schälen, in feine Würfel schneiden und in den kalten Einlegesud legen. Das restliche ungeschälte Kürbisfruchtfleisch vor der Verwendung in einem Entsafter zu Kürbissaft verarbeiten.

PUNTALETTE

Die Butter und das Olivenöl in einem Topf erhitzen und die fein gewürfelten Schalotten farblos anschwitzen. Die Puntalette zugeben und mit dem Gemüsefond ablöschen. Dann den Kürbissaft aufgießen und salzen. Ewas frisch geriebenen Ingwer zugeben und aufkochen. Die Puntalette mit frisch geriebener Limettenschale und fein gehacktem Thymian verfeinern. Die Kürbis-Puntalette in etwa 15 Minuten al dente köcheln lassen und anschließend vom Herd ziehen. Den Mascarpone, etwas frisch gepresstem Limettensaft, den abgetropften eingelegten Kürbis, den frisch geriebenen Parmesan und die kalte Butter zugeben. Zudecken und kurz warten, dann mit einem Kochlöffel cremig verrühren und noch mal abschmecken.

PARMESAN-CHIPS

Ein Backblech mit Backpapier auskleiden und mit einer Präzisionsreibe reichlich Parmesan daraufreiben. Den Parmesan im vorgeheizten Backofen bei 160 °C (Umluft) etwa 8–10 Minuten schmelzen lassen. Dann aus dem Backofen nehmen und samt dem Backpapier vom heißen Backblech ziehen. Die Parmesan-Chips aushärten lassen.

Rolands Tipp: Die Kürbiswürfel am besten 3 Stunden durchziehen lassen, sie halten eingelegt ohne Weiteres 2 Tage im Kühlschrank.

POLENTA
mit Spinat und Gorgonzola

ZUTATEN FÜR 2 PERSONEN

POLENTA
- 500 ml Geflügelfond, ersatzweise Wasser
- 1 EL »Fresh Garden«-Gewürzmischung
- »8 Pfeffermischung Grand Cuvée«
- 80 g Butter
- Salz
- 75 g feiner Polentagrieß
- 100 g frischer Babyspinat, gewaschen
- 25 g Parmesan am Stück
- 15 ml Olivenöl

SPINATSALAT MIT HASELNÜSSEN
- 100 g frischer Babyspinat, gewaschen
- 25 g geröstete Haselnusskerne
- 1 junge Tropea-Zwiebel
- 20 ml Weißweinessig
- 15 ml Bio-Sojasauce
- 15 ml alter Balsamicoessig
- 25 ml Olivenöl oder Haselnussöl
- »8 Pfeffermischung Grand Cuvée«
- Salz
- 25 g Parmesan am Stück
- ½ Birne mit festem Fruchtfleisch

ANRICHTEN
- 100 g Gorgonzola
- Parmesan am Stück

POLENTA

Den Geflügelfond in einem Topf aufkochen und mit der »Fresh Garden«-Gewürzmischung und Pfeffer würzen. Die Butter zugeben und mit Salz abschmecken. Die Polenta einrieseln lassen und unter Rühren aufkochen. Dann etwa 10 Minuten zugedeckt köcheln und ausquellen lassen, dabei je nach Bedarf noch etwas Geflügelfond zugeben und öfters umrühren. Den Spinat in Streifen schneiden. Den Parmesan fein reiben. Beides auf die Polenta geben und den Topf mit einem Deckel verschließen, bis der Spinat leicht zusammengefallen ist. Dann alles vermengen und mit Olivenöl verfeinern. Zum Schluss noch mal mit Salz abschmecken.

SPINATSALAT MIT HASELNÜSSEN

Den Babyspinat in eine große Schüssel geben. Die Haselnusskerne mit einem Topfboden grob zerdrücken und zugeben. Die Tropea-Zwiebel putzen, fein hacken und ebenfalls zugeben. Eine Vinaigrette aus Weißweinessig, Sojasauce, Balsamicoessig und Olivenöl rühren, mit Pfeffer und Salz abschmecken und über den Salat träufeln. Von dem Parmesan und von der geschälten Birne mithilfe eines Sparschälers feine Späne abschälen und zugeben. Alles behutsam vermengen.

Anrichten

Die Polenta sehr heiß auf Tellern anrichten und mit Gorgonzola belegen. Dann etwas Parmesan darüberreiben und mit einem Bunsenbrenner abflämmen, bis der Gorgonzola zu schmelzen beginnt. Zum Schluss den Spinatsalat locker auf die gratinierte Polenta drapieren und servieren.

Anrichten

Den Rote-Bete-Risotto auf Teller geben und die Pfeffer-Rosinen darüber verteilen. Dann mit dem Schüttelbrot bestreuen und etwas frischen Meerrettich darüberreiben.

ROTE-BETE-RISOTTO
mit Graukäse

ZUTATEN FÜR 2 PERSONEN

ROTE-BETE-RISOTTO
- 500 ml Gemüsefond, ersatzweise Wasser
- 3 EL Rote-Bete-Pulver, fein
- 1 Schalotte
- 30 g Butter + 40 g kalte Butter
- 150 g Carnaroli-Risottoreis
- Salz
- 100 g Graukäse
- 25 g Parmesan am Stück

PFEFFER-ROSINEN
- 3 EL Rosinen oder Sultaninen
- 10 frische helle Tafeltrauben
- »8 Pfeffermischung Grand Cuvée«
- etwas Olivenöl
- ¼ Bund frischer Schnittlauch

ANRICHTEN
- 1 Schüttelbrot, grob zerbröselt
- etwas frischer Meerrettich am Stück

ROTE-BETE-RISOTTO

Den Gemüsefond in einem Topf erhitzen und das Rote-Bete-Pulver klumpenfrei untermixen. Die Schalotte schälen, fein hacken und in einer Sauteuse mit Butter farblos anschwitzen. Den Risottoreis zugeben und mit etwas Rote-Bete-Fond aufgießen. Dann salzen und köcheln lassen. Immer wieder Rote-Bete-Fond zugießen, sodass die Reiskörner stetig mit Flüssigkeit bedeckt sind. Den Risotto sämig einköcheln und knapp al dente garen. In der Zwischenzeit den Graukäse in kleine Stücke schneiden und den Parmesan fein reiben. Die Sauteuse vom Herd nehmen. Den Graukäse, den Parmesan und die kalten Butterwürfel zugeben und mit einem Deckel verschließen. Etwa 1–2 Minuten warten, dann mit einem Kochlöffel cremig binden und durchschwenken. Zum Schluss mit Salz abschmecken.

PFEFFER-ROSINEN

Die Rosinen mit lauwarmem Wasser bedecken und 1 Stunde einweichen lassen, dann abtropfen lassen. Die Trauben vierteln, zugeben und vermengen. Dann mit Pfeffer würzen und mit Olivenöl verfeinern. Den Schnittlauch in feine Röllchen schneiden und unter die Pfeffer-Trauben mischen.

Rolands Tipp: Das Schüttelbrot am besten auf ein Brett geben und mit einem Topf- oder Pfannenboden in grobe Brösel zerdrücken.

TORTILLA
mit Lauch und Spargel

ZUTATEN FÜR 2 PERSONEN

FRITTIERTE KARTOFFELN
- 500 g festkochende Kartoffeln
- neutrales Pflanzenöl zum Frittieren

LAUCH-SPARGEL-GEMÜSE
- 1 Lauchstange
- 25 ml Olivenöl
- 6 Stangen grüner Spargel
- Salz
- Pfeffermischung »Schwarzes Gold«
- Piment d'Espelette

TORTILLA
- Lauch-Spargel-Gemüse (siehe Teilrezept)
- frittierte Kartoffeln (siehe Teilrezept)
- 9 Eier
- Salz
- 15 ml Olivenöl
- 25 g Parmesan am Stück
- Pfeffermischung »Schwarzes Gold«

ANRICHTEN
- 15 g Parmesan am Stück
- etwas Olivenöl zum Beträufeln
- ¼ Bund frischer Schnittlauch, fein geschnitten

FRITTIERTE KARTOFFELN

Die Kartoffeln schälen, je nach Größe längs vierteln und in dünne Blättchen schneiden. Reichlich Pflanzenöl in einem Topf auf 175 °C erhitzen und darin die Kartoffelblättchen nach und nach goldgelb frittieren. Die Kartoffelblättchen müssen nicht knusprig, sondern nur gegart sein. Die frittierten Kartoffeln herausschöpfen und auf Küchenkrepp abtropfen lassen.

LAUCH-SPARGEL-GEMÜSE

Den Lauch putzen, waschen und in feine Streifen schneiden. Das Olivenöl in einer Pfanne erhitzen und darin den Lauch 2–3 Minuten farblos anschwitzen. Die untere Hälfte der Spargelstangen schälen und die Enden abschneiden. Die Spargelstangen in leicht schräge, etwa 2 cm lange Stücke schneiden und zum Lauch geben. Das Gemüse mit Salz, Pfeffer und Piment d'Espelette würzen, durchschwenken und 2 Minuten weiterbraten.

TORTILLA

Das Lauch-Spargel-Gemüse und die frittierten Kartoffeln in einer Schüssel vermischen. Die Eier aufschlagen, mit Salz würzen und mit einem Schneebesen gut verrühren. Dann zu der Kartoffel-Gemüse-Mischung geben und vermengen. Das Olivenöl in einer ofenfesten beschichteten Pfanne erhitzen. Die Mischung einfüllen und bei milder Hitze etwa 10 Minuten anstocken lassen. Die Tortilla sollte mittig noch flüssig, aber am Boden und an den Rändern schon leicht knusprig sein. Dann über die Pfanne einen großen Teller legen, alles zusammen wenden. Anschließend die Tortilla vom Teller zurück in die heiße Pfanne gleiten lassen und 1–2 Minuten weiterbraten. Reichlich Parmesan auf die Oberfläche reiben und mit Pfeffer bestreuen. Die Tortilla im vorgeheizten Backofen bei 180 °C (Umluft) 1–2 Minuten gratinieren.

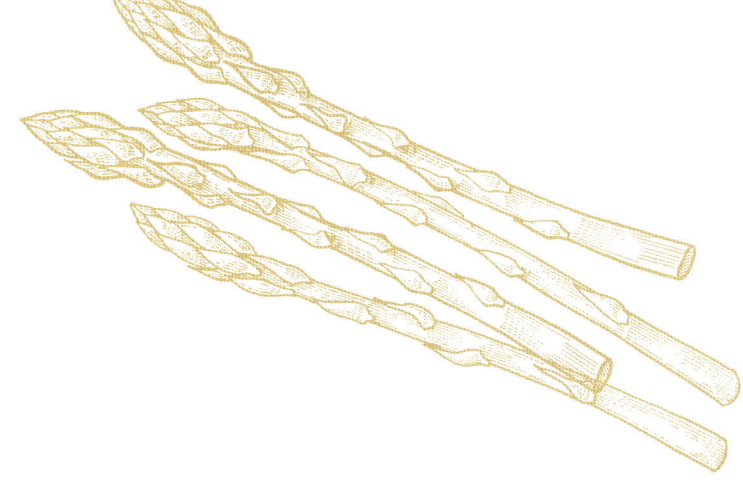

Anrichten

Die saftige Tortilla auf ein Servierbrett gleiten lassen. Reichlich Parmesan darüberreiben und mit Olivenöl beträufeln. Zum Schluss mit Schnittlauchröllchen bestreuen und in Stücke schneiden.

Anrichten

Die warme Linsencreme mittig auf Teller geben und zu einem Spiegel verteilen. Darauf je 1 gegrillte Auberginenscheibe legen und mit reichlich Nuss-Linsen-Vinaigrette bedecken. Zum Schluss mit Olivenöl beträufeln und mit grobem Meersalz bestreuen.

LINSENCREME
mit gegrillten Auberginen

ZUTATEN FÜR 4 PERSONEN

LINSEN KOCHEN UND LINSENCREME
- 50 g Belugalinsen
- 50 g ganze rote Linsen
- 1 weiße Zwiebel
- 20 ml Olivenöl
- 1 Knoblauchzehe
- 1 EL Kürbisgewürz
- 1 EL Tomatenketchup
- 25 ml Bio-Sojasauce
- 250 ml Gemüsefond, ersatzweise Wasser

NUSS-LINSEN-VINAIGRETTE
- 15 ml Olivenöl + 35 ml
- 20 g geschälte ganze Haselnusskerne
- 20 g Pinienkerne
- 25 g Rauchmandeln
- 20 g Cashewkerne
- ¼ Bund frische Blattpetersilie
- ¼ Bund frischer Schnittlauch
- 3 EL gegarte Linsen (siehe Teilrezept)
- 15 ml Bio-Sojasauce
- 20 ml Zitronensaft

GEGRILLTE AUBERGINE
- 1 große runde Aubergine
- 20 ml Bio-Sojasauce
- 15 ml Olivenöl

ANRICHTEN
- Olivenöl
- grobes Meersalz

LINSEN KOCHEN UND LINSENCREME

Die Linsen über Nacht in reichlich kaltem Wasser einweichen und danach abgießen. Die Zwiebel schälen, fein hacken und in Olivenöl anschwitzen. Die Knoblauchzehe schälen, fein reiben und zugeben. Dann das Kürbisgewürz, die abgetropften Linsen und den Tomatenketchup zugeben. Alles mit Sojasauce ablöschen und mit dem Gemüsefond aufgießen. Die Linsen etwa 10 Minuten köcheln lassen. Etwa 3 EL Linsen abnehmen und für die Nuss-Linsen-Vinaigrette (siehe Teilrezept) verwenden. Die restlichen Linsen samt dem Kochfond in einen Standmixer füllen und zu einer feinen Linsencreme mixen. Je nach Bedarf mit etwas heißem Gemüsefond verdünnen, abschmecken und warm anrichten.

NUSS-LINSEN-VINAIGRETTE

Das Olivenöl in einer Pfanne erhitzen und darin die Haselnusskerne und die Pinienkerne anrösten. Dann abkühlen lassen und zusammen mit den Rauchmandeln und den Cashewkernen in einem Universalmixer kurz mixen. Die Petersilie fein hacken, den Schnittlauch in feine Röllchen schneiden und zu der fein gehackten Nusskernmischung geben. Die gegarten Linsen untermengen. Die Vinaigrette mit Sojasauce abschmecken und mit Olivenöl und Zitronensaft verfeinern.

GEGRILLTE AUBERGINE

Die Aubergine waschen, den Stielansatz abschneiden und samt der Schale in fingerdicke Scheiben schneiden. Eine Marinade aus Sojasauce und Olivenöl anrühren und die Auberginen damit bestreichen. Die Auberginenscheiben mit etwas Olivenöl in einem Kontaktgrill beidseitig grillen. Zwischendurch mit der restlichen Marinade bestreichen. Ersatzweise die Auberginen in einer Pfanne braten, dazu am besten einen Teller darauflegen und pressen.

ROTE-BETE-SPÄTZLE
mit Äpfeln und Walnüssen

ZUTATEN FÜR 4 PERSONEN

ROTE-BETE-SPÄTZLE KOCHEN
- 260 g helles Weizenmehl oder Spätzlemehl
- 40 g Rote-Bete-Pulver
- Salz
- 1 Prise Muskatnuss
- 5 Eier

SPÄTZLE-PFANNE MIT ÄPFELN UND BERGKÄSE
- 1 weiße Zwiebel
- 50 g Butter
- Salz
- 1 Apfel
- gekochte Rote-Bete-Spätzle (siehe Teilrezept)
- etwas Spätzle-Kochwasser
- 80 g Bergkäse
- 60 g Pinzgauer Bierkäse

ANRICHTEN
- Pfeffermischung »Schwarzes Gold«
- 25 g Walnusskerne, grob gehackt
- ¼ Bund frischer Schnittlauch, fein geschnitten
- 35 g Röstzwiebeln

ROTE-BETE-SPÄTZLE KOCHEN

Das Weizenmehl mit dem Rote-Bete-Pulver vermischen und mit Salz und etwas frisch geriebener Muskatnuss würzen. Die Eier gut verquirlen und zugeben. Alles zusammen mit etwas Wasser zu einem glatten Spätzleteig vermengen. Dazu am besten einen Einweg-Handschuh tragen und den Teig mithilfe einer Teigkarte von Hand gut aufschlagen, bis er glatt ist und leicht Blasen wirft. Reichlich Wasser in einem großen Topf aufkochen und salzen. Den Spätzleteig mithilfe eines Spätzlehobels in das kochende Wasser hobeln. Die Spätzle einmal aufkochen und tropfnass weiterverarbeiten.

SPÄTZLE-PFANNE MIT ÄPFELN UND BERGKÄSE

Die Zwiebel schälen und in feine Streifen schneiden. Die Butter in einer ofenfesten Pfanne aufschäumen. Die Zwiebeln zugeben, leicht salzen und einige Minuten andünsten. Den Apfel schälen und entkernen, fein reiben und zugeben. Alles zusammen bei mittlerer Hitze karamellisieren. Die fertigen Spätzle aus dem Kochwasser schöpfen und tropfnass zugeben. Etwa eine ½ Schöpfkelle Kochwasser zugießen und vermischen. Den Käse grob reiben und untermengen. Die Rote-Bete-Spätzle im vorgeheizten Backofen bei 200 °C (Umluft) etwa 5 Minuten gratinieren, bis der Käse schmilzt.

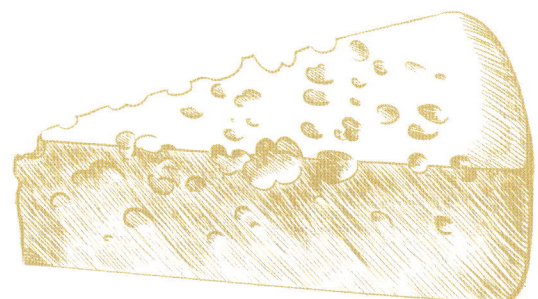

Anrichten

Die gratinierten Rote-Bete-Spätzle mit Pfeffer bestreuen. Die gehackten Walnusskerne, die Schnittlauchröllchen und die Röstzwiebeln darüber verteilen und servieren.

Anrichten

Je 1 angebratene Ochsenherztomaten-Scheibe auf Teller legen und mit dem Tomatensalat bedecken. Dann die Zitronen-Kapern-Vinaigrette darüber verteilen. Die gebratenen Grießnockerl auf dem Tomatensalat anrichten und mit der Parmesan-Bratbutter beträufeln. Zum Schluss mit Basilikumspitzen garnieren.

GRIESSNOCKERL
mit Tomatensalat

ZUTATEN FÜR 4 PERSONEN

GRIESSNOCKERLMASSE
- 105 g weiche Butter
- 2 Eier, Raumtemperatur
- 1 EL »Bruschetta grüne Oliven-Gewürzmischung
- Salz
- 205 g mittelfeiner Hartweizengrieß

BRATTOMATE
- 2 Ochsenherztomaten
- etwas Olivenöl
- Salz
- 15 ml Bio-Sojasauce

TOMATENSALAT
- 200 g Kirschtomaten (rot u. gelb)
- 2 Frühlingszwiebeln
- Salz
- 15 ml Olivenöl
- 20 ml Bio-Sojasauce

ZITRONEN-KAPERN-VINAIGRETTE
- 1 Zitrone
- 2 EL eingelegte Kapern, abgetropft
- etwas frisches Basilikum, z. B. kleinblättriges griechisches Basilikum
- Piment d'Espelette
- ½ TL geräuchertes Paprikapulver (Pimentón de la Vera, mild)
- Salz
- 30 ml Olivenöl
- 15 g Pinienkerne oder Zedernnüsse

GRIESSNOCKERL BRATEN
- 20 ml Olivenöl
- 25 g Butter
- frisch gegarte Grießnockerl (siehe Teilrezept)
- 25g Parmesan am Stück

ANRICHTEN
- frische Basilikumspitzen

GRIESSNOCKERLMASSE

Die Butter und die Eier etwa 1 Stunde vor der Zubereitung aus dem Kühlschrank nehmen. Die weiche Butter mit den Quirlen den Handrührgerätes hellschaumig schlagen. Die Eier in einer kleinen Schüssel gut verquirlen und nach und nach unter die Buttermasse rühren. Die Bruschetta-Gewürzmischung, etwas Salz und den Hartweizengrieß unterrühren. Die Grießmasse etwa 30 Minuten bei Raumtemperatur quellen lassen. Einen Topf mit Wasser aufkochen und salzen. Aus der Grießmasse nach und nach mit 2 Teelöffeln Nockerl formen und in das leicht siedende Salzwasser gleiten lassen. Zwischendurch immer wieder die Teelöffel ins heiße Wasser tauchen, damit die Grießmasse nicht anklebt. Die Grießnockerl etwa 20–30 Minuten ziehen lassen. Wenn die Grießnockerl innen noch einen leicht harten Kern aufweisen, sind sie fertig.

BRATTOMATE

Die Ochsenherztomate in daumendicke Scheiben schneiden und in einer Pfanne mit etwas Olivenöl scharf anbraten. Die Tomatenscheiben salzen, wenden und mit Sojasauce beträufeln. Die gebratenen Tomatenscheiben aus der Pfanne nehmen.

TOMATENSALAT

Die Kirschtomaten vierteln. Die Frühlingszwiebeln putzen und fein schneiden. Beides in eine Schüssel geben und mit Salz, Olivenöl und Sojasauce marinieren.

ZITRONEN-KAPERN-VINAIGRETTE

Von der Zitrone oben und unten eine Scheibe abschneiden, sodass sie eine Standfläche hat. Die Zitrone zum Filetieren auf eine der flachen Seiten stellen. Dann mit einem sehr scharfen Messer die Schale vorsichtig so dick abschneiden, dass die weiße Haut vollständig mit entfernt wird. Die Zitrone dann in die Hand nehmen und einzelne Zitronenfilets mit einem Messer zwischen den Trennwänden herausschneiden. Die Zitronenfilets und die Kapern hacken und das Basilikum fein schneiden. Alles vermengen und mit Piment d'Espelette, geräuchertem Paprikapulver und Salz würzen. Dann das Olivenöl unterrühren. Die Pinienkerne in einer Pfanne rösten und untermengen.

GRIESSNOCKERL BRATEN

Das Olivenöl und die Butter in einer beschichteten Pfanne erhitzen. Die fertigen Grießnockerl aus dem Kochwasser schöpfen und tropfnass in die Pfanne gleiten lassen. Kurz anbraten und etwas Parmesan darüberreiben. Die Grießnockerl wenden, anbraten und nochmals etwas Parmesan darüberreiben. Zwischendurch immer wieder mit der schäumenden Parmesanbutter beträufeln.

SCHLUTZKRAPFEN

ZUTATEN FÜR 6 PERSONEN

NUDELTEIG
- 300 g helles Weizenmehl
- 150 g Roggenmehl
- 2 Eier
- 1 EL Olivenöl
- etwas Wasser

BÉCHAMELSAUCE FÜR SPINATFÜLLUNG
- 30 g Butter
- 30 g helles Weizenmehl
- 300 ml kalte Vollmilch
- Salz
- geschrotete Pfeffermischung »Schwarzes Gold«
- Muskatnuss, frisch gerieben

SPINATFÜLLUNG
- 2 EL Olivenöl
- ½ Zwiebel, fein gehackt
- 1 Knoblauchzehe, fein gehackt
- 400 g junger Spinat, ersatzweise aufgetauter Blattspinat
- Salz
- geschrotete Pfeffermischung »Schwarzes Gold«
- 1 EL Mascarpone
- 25 g Parmesan, frisch gerieben
- abgekühlte Béchamelsauce (siehe Teilrezept)
- 1 Prise Muskatnuss, frisch gerieben

SCHLUTZKRAPFEN
- geruhter Nudelteig (siehe Teilrezept)
- helles Weizenmehl zum Arbeiten
- abgekühlte Spinatfüllung (siehe Teilrezept)
- Salz

ANRICHTEN
- Parmesan am Stück
- schaumige Butter, leicht gebräunt
- frischer Schnittlauch, fein geschnitten

NUDELTEIG

Das Weizenmehl, das Roggenmehl, die Eier, das Olivenöl und etwas Wasser in die Rührschüssel der Küchenmaschine geben. Alles zusammen mit dem Knethaken zu einem glatten, geschmeidigen Nudelteig kneten. Diesen anschließend mit den Händen nochmals gut durchkneten, in Frischhaltefolie wickeln und etwa 2 Stunden im Kühlschrank ruhen lassen.

BÉCHAMELSAUCE FÜR SPINATFÜLLUNG

Die Butter in einem kleinen Topf zerlassen. Das Weizenmehl zugeben und unter Rühren farblos anrösten. Diese helle Mehlschwitze nach und nach mit kalter Milch aufgießen und unter stetigem Rühren aufkochen. Die Béchamelsauce mit Salz, Pfeffer und frisch geriebener Muskatnuss würzen. Die angedickte Sauce etwa 5–8 Minuten köcheln lassen, so verkleistert die Stärke und die Sauce verliert den Mehlgeschmack. Die fertige dickliche Béchamelsauce noch mal mit Pfeffer, frisch geriebener Muskatnuss und Salz abschmecken und abkühlen lassen.

SPINATFÜLLUNG

Das Olivenöl in einer Pfanne erhitzen und die Zwiebeln und den Knoblauch farblos anschwitzen. Die gewaschenen und abgetropften Spinatblätter zugeben und mit Salz und Pfeffer würzen. Den Spinat anbraten, dabei die Spinatblätter öfters wenden, bis dieser zusammenfällt. Die Spinatmischung aus der Pfanne nehmen und abkühlen lassen. Danach mit den Händen gut ausdrücken und entweder durch den Fleischwolf drehen oder mit einem Messer sehr fein hacken. Die Spinatmasse mit Mascarpone und frisch geriebenem Parmesan verfeinern. Die Béchamelsauce zugeben und alles gut vermengen. Die Spinatfüllung mit Salz, Pfeffer und frisch geriebener Muskatnuss abschmecken und in einen Spritzbeutel mit glatter Tülle füllen.

SCHLUTZKRAPFEN

Den Nudelteig in Portionen teilen und nach und nach in einer Nudelmaschine zu langen Teigbahnen verarbeiten. Dazu den Teig mehrmals auf größter Stufe ausrollen, die Teigbahn dabei immer wieder mit Weizenmehl bestäuben und zusammenfalten. Dann erneut bei gleicher Stufe ausrollen. So wird der Teig nach und nach geschmeidig und bleibt reißfest. Anschließend die Teigbahn Stufe für Stufe dünner ausrollen. Die sehr dünn ausgerollte Teigbahn von überschüssigem Mehl befreien und auf die bemehlte Arbeitsfläche legen. Darauf längs mit etwas Abstand walnussgroße Tupfen Spinatfüllung spritzen. Dann die Teigbahn mit der Füllung über die restliche Teigbahn klappen und an der oberen Längsseite festdrücken. Anschließend den Teig zwischen der Füllung festdrücken, damit keine Lufteinschlüsse entstehen. Die Ränder festdrücken und mit einem Messer begradigen. Die Teigkammern durchschneiden, sodass rechteckige Nudeltaschen entstehen. Die Schutzkrapfen von Hand nochmals an den Rändern fixieren und zwischenzeitlich auf eine Lage Backpapier legen. Kurz vor dem Servieren die Schlutzkrapfen in reichlich kochendes Salzwasser gleiten lassen und 1–2 Minuten fertig garen.

Danis Tipp

Die Schlutzkrapfen können gut als Vorrat eingefroren werden. Die ungekochten Nudeltaschen auf Backpapier legen und gefrieren. Danach erst in Gefrierbeutel füllen, so kleben sie nicht aneinander und können einzeln entnommen werden.

Anrichten

Die fertigen Schlutzkrapfen mit einer Schaumkelle aus dem Kochwasser heben. Unbedingt ein Küchentuch unter die Kelle halten und das abtropfende Wasser gut abtupfen. Die Schlutzkrapfen auf Teller verteilen und reichlich Parmesan darüberreiben. Dann mit reichlich schäumender, leicht gebräunter Butter beträufeln. Mit fein geschnittenem Schnittlauch bestreuen und servieren.

Anrichten

Die noch warmen geschmorten Zwiebeln auf Tellern anrichten und darüber die Melonen-Tomaten-Vinaigrette mit Calamari verteilen.

ZWIEBELN
im Salzteig

ZUTATEN FÜR 4 PERSONEN

ZWIEBELN IM SALZTEIG

- 500 g helles Weizenmehl
- 200 g Salz
- 2 Eier
- 200 ml Wasser
- 4–6 junge Tropea-Zwiebeln, ersatzweise Schalotte

MELONEN-TOMATEN-VINAIGRETTE MIT CALAMARI

- 200 g Kirschtomaten
- ¼ reife Charentais-Melone oder Cantaloupe-Melone
- 250 g frische oder aufgetaute Calamari-Tuben, küchenfertig
- 30 ml Olivenöl
- Salz
- Piment d'Espelette
- 1 Zitrone
- ¼ Bund frische Blattpetersilie
- 35 g Butter
- 2 EL Sesamsamen
- ½ TL geschrotete Knoblauch-Flakes

ZWIEBELN IM SALZTEIG

Das Weizenmehl mit dem Salz vermischen. Das Ei und das Wasser zugeben und zu einem festen Teig verkneten. Den Salzteig auf einer Lage Backpapier etwa 1 cm dick ausrollen. Die Tropea-Zwiebeln nur grob putzen und die dunkelgrünen Bestandteile etwas einkürzen. Ersatzweise die erste Schalenschicht der Schalotten abziehen. Die Zwiebeln auf einer Hälfte der Salzteigplatte verteilen. Die andere Hälfte des Salzteiges über die Füllung klappen und an den Rändern festdrücken. Anschließend samt dem Backpapier auf ein Backblech ziehen und im vorgeheizten Backofen bei 185 °C (Umluft) etwa 60 Minuten backen. Den Salzteig mit einem gezackten Messer aufschneiden und aufklappen. Die geschmorten Zwiebeln herausnehmen und die äußere Schalenschicht entfernen, da sie zäh und salzig ist.

MELONEN-TOMATEN-VINAIGRETTE MIT CALAMARI

Die Kirschtomaten in kleine Würfel schneiden. Die Melone schälen und die Kerne herauslösen, dann ebenfalls in kleine Würfel schneiden. Beides in eine große Schüssel geben. Die Calamari unter fließend kaltem Wasser säubern und trocken tupfen. Anschließend in feine Streifen schneiden. Das Olivenöl in einer Pfanne stark erhitzen. Die Calamari zugeben, mit Salz und Piment d'Espelette würzen und kurz und scharf anbraten. Dann mit Zitronensaft beträufeln, durchschwenken und zu der Melonen-Tomaten-Mischung geben. Die Blattpetersilie fein hacken. Die Butter in derselben Pfanne aufschäumen, die Petersilie darin kurz anrösten und mit Olivenöl verfeinern. Dann ebenfalls zur Mischung geben. Etwas Olivenöl in derselben Pfanne erhitzen und die Sesamsamen darin unter Rühren anrösten. Alles zusammen vermischen und mit Knoblauch-Flakes und Zitronensaft abschmecken.

ERDÄPFELBÄRLAUCHBLATTLN
mit Senfmayo

ZUTATEN FÜR 2 PERSONEN

BÄRLAUCHPASTE FÜR KARTOFFELTEIG

- 50 g frischer Bärlauch
- 2 Eigelb
- 1 gehäufter EL Mascarpone

KARTOFFELTEIG

- 500 g mehlige Kartoffeln, vorgekocht und abgekühlt
- 150 g glattes, helles Weizenmehl
- 1 TL Backpulver
- Salz
- Pfeffermischung »Schwarzes Gold«
- etwas Muskatnuss, frisch gerieben
- Bärlauchpaste (siehe Teilrezept)

SENFMAYO MIT BIRNE

- ½ reife, feste Birne
- 2 Eigelb
- 2 EL Weißweinessig
- 2 EL süßer Senf
- Salz
- 120 ml Traubenkernöl
- ¼ Bund frischer Schnittlauch

FRITTIERTE ERDÄPFELBLATTLN

- Kartoffelteig (siehe Teilrezept)
- glattes, helles Weizenmehl zum Arbeiten
- reichlich neutrales Pflanzenöl zum Frittieren

BÄRLAUCHPASTE FÜR KARTOFFELTEIG

Den Bärlauch waschen, grob schneiden und in einen Mixbecher geben. Das Eigelb und den Mascarpone zufügen und mit dem Stabmixer zu einer Paste mixen.

KARTOFFELTEIG

Die gepellten Kartoffeln durch die Kartoffelpresse drücken. Das Weizenmehl mit dem Backpulver vermischen und zugeben. Die Mischung mit Salz, Pfeffer und frisch geriebener Muskatnuss würzen. Die Bärlauchpaste zugeben und alles zusammen von Hand zu einem gebundenen Teig verkneten.

SENFMAYO MIT BIRNE

Die Birne fein reiben und in einen Mixbecher füllen. Das Eigelb, den Weißweinessig, den süßen Senf und etwas Salz zugeben. Alles zusammen mit dem Stabmixer mixen. Dann während des Mixvorganges nach und nach in einem dünnen Strahl das Traubenkernöl einfließen lassen und weitermixen, bis eine Emulsion entstanden ist. Zum Schluss noch mal mit Salz abschmecken und den frisch geschnittenen Schnittlauch mit einem Löffel untermengen.

FRITTIERTE ERDÄPFELBLATTLN

Den Kartoffelteig auf der bemehlten Arbeitsfläche mit dem Rollholz etwa 0,5 cm dick ausrollen und in beliebige Streifen oder Rauten schneiden. Das Pflanzenöl in einem hohen Topf auf 180 °C erhitzen. Die Teigblätter in das heiße Pflanzenöl gleiten lassen und kurz goldbraun ausbacken. Die Erdäpfelblattln mit einer Frittierkelle herausschöpfen und auf Küchenkrepp abtropfen lassen.

Rolands Tipp: Der Kartoffelteig kann statt mit Bärlauch auch mit anderen Kräutern (zum Beispiel Petersilie) oder mit frischen Spinatblättern verfeinert werden.

Anrichten

Die frittierten Erdäpfelblattln heiß servieren. Dazu die Senfmayo mit Birne zum Dippen dazu reichen.

Anrichten

Die Avocado halbieren, schälen und vom Stein lösen, In Spalten schneiden und die Avocadospalten mit den sautierten Steinpilzen auf Tellern anrichten. Die Tomaten-Petersilien-Vinaigrette darüber verteilen und die gebackene Ziegenmilch darauf anrichten. Zum Schluss mit Pyramidensalz bestreuen und nach Belieben mit gezupfter Blattpetersilie und jungen Staudensellerieblättern garnieren.

GEBACKENE ZIEGENMILCH
mit Steinpilzen

ZUTATEN FÜR 2 PERSONEN

ZIEGENMILCH-BÉCHAMEL
- 30 g Butter
- 30 g Weizenmehl
- 300 ml kalte Ziegenmilch, Salz
- »8 Pfeffermischung – Grand Cuvée«
- ½ TL geschrotete Knoblauch-Flakes
- 25 g Parmesan am Stück

BIERTEIG
- 150 g Weizenmehl
- ¼ TL Backpulver
- 100 ml helles Bier
- 2 Eier
- Salz

SAUTIERTE STEINPILZE
- 300 g frische Steinpilze, ersatzweise Pfifferlinge oder Kräutersaitlinge
- 20 ml Olivenöl, Salz
- »8 Pfeffermischung – Grand Cuvée«
- 30 g Butter
- 10 ml frisch gepressten Zitronensaft

ZIEGENMILCH AUSBACKEN
- reichlich neutrales Pflanzenöl
- gefrorene Ziegenmilch-Béchamel (siehe Teilrezept)
- Bierteig (siehe Teilrezept)
- Salz
- »8 Pfeffermischung – Grand Cuvée«

TOMATEN-PETERSILIEN-VINAIGRETTE
- 75 g geschälte Tomaten aus der Dose
- 40 ml Olivenöl
- 10 ml Limettensaft
- 2 EL frische Blattpetersilie, gehackt
- »8 Pfeffermischung – Grand Cuvée«
- 15 ml Bio-Sojasauce

ANRICHTEN
- 1 reife Avocado
- Pyramidensalz
- frische Petersilienblätter
- junge Staudensellerieblätter

ZIEGENMILCH-BÉCHAMEL

Die Butter in einem Topf schmelzen. Das Weizenmehl zugeben und unter Rühren anrösten. Dann die Ziegenmilch nach und nach unterrühren und zum Kochen bringen. Die Sauce mit Salz, Pfeffer und Knoblauch-Flakes würzen und etwa 5 Minuten köcheln lassen, dabei öfters umrühren. Den Parmesan fein reiben und zum Schluss unterrühren. Die Ziegenmilch-Béchamelsauce in Eiswürfelformen füllen, abkühlen lassen und einige Stunden oder über Nacht gefrieren lassen.

BIERTEIG

Das Weizenmehl und das Backpulver in einer Schüssel vermischen und nach und nach das kalte Bier unterrühren. Die Eier trennen. Das Eigelb kurz unter den Teig rühren und salzen. Das Eiweiß mit 1 Prise Salz steif schlagen und den Eischnee locker unter den Bierteig ziehen.

SAUTIERTE STEINPILZE

Die Steinpilze putzen und in grobe Stücke schneiden. Das Olivenöl in einer Pfanne erhitzen und die Steinpilze darin scharf anbraten. Dann mit Salz und Pfeffer würzen. Die Butter zugeben und gut durchschwenken. Zum Schluss mit etwas Zitronensaft beträufeln und beiseitestellen.

ZIEGENMILCH AUSBACKEN

Reichlich Pflanzenöl in einem hohen Topf auf etwa 170 °C erhitzen. Die gefrorenen Ziegenmilch-Béchamel-Würfel durch den Bierteig ziehen und im heißen Pflanzenöl goldgelb ausbacken. Immer wieder mit einer Frittierkelle umrühren. Die gebackene Ziegenmilch auf Küchenkrepp abtropfen lassen und mit Salz und Pfeffer bestreuen.

TOMATEN-PETERSILIEN-VINAIGRETTE

Die Tomaten hacken und mit dem Olivenöl, dem frisch gepressten Limettensaft und der gehackten Petersilie vermengen. Dann mit Pfeffer und Sojasauce abschmecken.

Nachspeisen

DER WELTBESTE BRATAPFEL

ZUTATEN FÜR 4 PERSONEN

MARZIPANFÜLLUNG
- 70 g weiche Butter
- 30 g Marzipan
- 35 g flüssiger Honig
- 1 Eigelb
- 10 g gemahlene Haselnusskerne
- 30 g Dinkelbrösel

GEFÜLLTER BRATAPFEL MIT BIRNEN-GEWÜRZ-RAGOUT
- 4 große fein-säuerliche Äpfel (Sorte: Arlet, Winter-Calville oder Boskop)
- 40 getrocknete Datteln oder Feigen
- 40 g getrocknete Aprikosen
- 40 g Walnusskerne
- 40 g Butter
- 20 g Mandelstifte oder Pinienkerne
- ½–1 Vanillestange
- ½–1 reife Birne, je nach Größe
- 150 g naturtrüber Apfelsaft
- 1 TL Bratapfel-Gewürzzucker
- Marzipanfüllung (siehe Teilrezept)

SESAM-KNUSPER
- 40 g Butter
- 1 EL echter Vanillezucker
- 50 g Panko-Brösel oder grobe Dinkelbrösel
- 20 g Sesamsamen
- etwas Bratapfel-Gewürzzucker

WILLIAMS-SABAYON
- 3 Eigelb
- 1 EL Kristallzucker
- 3 EL Williams-Birnenbrand
- 1 Schuss naturtrüber Apfelsaft

MARZIPANFÜLLUNG

Die weiche Butter mit den Quirlen des Handrührgerätes schaumig aufschlagen. Das fein geschnittene Marzipan, den Honig und das Eigelb nach und nach zugeben und zu einer glatten Creme rühren. Zum Schluss die gemahlenen Haselnusskerne und die Dinkelbrösel untermengen.

GEFÜLLTER BRATAPFEL MIT BIRNEN-GEWÜRZ-RAGOUT

Die Äpfel waschen und das Kerngehäuse großzügig mit einem Apfelausstecher ausstechen. Die Äpfel unten gerade abschneiden, damit sie stabil stehen. Die Fruchtfleischabschnitte klein schneiden und beiseitestellen. Die Datteln und die Aprikosen klein schneiden. Die Walnusskerne grob hacken. Für das Birnen-Gewürz-Ragout die Butter in einer ofenfesten Pfanne oder in einem Bräter aufschäumen. Die klein geschnittenen Apfelabschnitte, die Datteln, die Aprikosen, die Walnusskerne und die Mandelstifte zugeben und anrösten. Die Vanillestange längs aufschlitzen, das Mark herauskratzen und beides zugeben. Die Birne samt der Schale in kleine Würfel schneiden und zugeben. Alles mit dem Apfelsaft ablöschen und mit etwas Bratapfel-Gewürzzucker verfeinern. Das Birnen-Gewürz-Ragout einmal aufkochen und dann vom Herd nehmen. Die ausgehöhlten Äpfel hineinsetzen und großzügig mit der Marzipanfüllung füllen. Die Bratäpfel im vorgeheizten Backofen bei 170 °C (Umluft) etwa 35 Minuten backen.

SESAM-KNUSPER

Die Butter in einer Pfanne aufschäumen. Den Vanillezucker, die Panko-Brösel und die Sesamsamen zugeben. Etwas Bratapfel-Gewürzzucker darüberstreuen. Alles zusammen langsam und unter gelegentlichem Rühren goldgelb rösten und karamellisieren.

WILLIAMS-SABAYON

Die Eigelbe, den Kristallzucker, den Williams-Birnenbrand und 1 Schuss Apfelsaft in einen Schlagkessel füllen. Den Schlagkessel auf ein heißes Wasserbad stellen. Das kochende Wasser darf den Schlagkessel nicht berühren. Die Masse über heißem Wasserdampf mit einem Schneebesen cremig aufschlagen, dabei darauf achten, dass das Sabayon nicht zu heiß wird. Das fertige Williams-Sabayon sofort vom heißen Wasserbad nehmen und beiseitestellen, sonst stocken die Eier.

Anrichten

Je 1 Bratapfel mittig auf 4 tiefe Teller setzen und rundherum das Birnen-Gewürz-Ragout verteilen. Reichlich Sesam-Knusper auf den Bratapfel geben und daneben etwas warmes Williams-Sabayon angießen.

Anrichten

Die noch heißen Strauben mit Puderzucker bestäuben und mit eingemachten Preiselbeeren sofort genießen.

SÜDTIROLER STRAUBEN

ZUTATEN FÜR 4 PERSONEN

STRAUBENTEIG
- 250g ml Vollmilch
- Salz
- 1 TL Vanillezucker
- 1 Schuss brauner Rum, ca. 40 % Vol.
- 200 g glattes helles Weizenmehl
- 1 Messerspitze Backpulver
- 1 EL flüssiger Honig
- 1 Ei
- reichlich neutrales Pflanzenöl zum Ausbacken

ANRICHTEN
- etwas Puderzucker zum Bestäuben
- eingemachte Preiselbeeren aus dem Glas

STRAUBENTEIG

Die Vollmilch in eine große Schüssel geben. Das Salz, den Vanillezucker und den Rum zugeben und mit einem Schneebesen verrühren. Das Weizenmehl mit dem Backpulver vermischen und unter stetigem Rühren nach und nach unterrühren. Den Honig kräftig unterrühren. Zum Schluss das Ei zugeben und zu einem glatten, zäh- bis dünnflüssigem Teig verrühren.

Währenddessen reichlich Pflanzenöl in einer hohen Ausbackpfanne auf 180 °C erhitzen. Den Straubenteig in einen Trichter füllen und die Trichteröffnung am besten mit dem Finger zuhalten. Dann den Teig beginnend von der Mitte schlangenlinienförmig in das heiße Pflanzenöl fließen lassen. Die Strauben in wenigen Minuten beidseitig goldgelb und schwimmend ausbacken. Dann vorsichtig herausnehmen und auf Küchenkrepp abtropfen lassen. Danach den restlichen Teig ebenso verarbeiten.

GEBACKENE BANANEN

ZUTATEN FÜR 2 PERSONEN

GEBACKENE BANANEN
- 100 g Tempuramehl (ersatzweise Weizenmehl und Maisstärke 1:1)
- 1 EL Dessertgewürz »Schokumami«
- 1 Handvoll zerstoßene Eiswürfel
- 120 ml kaltes Wasser
- reichlich neutrales Pflanzenöl zum Ausbacken
- 4 Bananen (nicht überreif)

DATTEL-LIMETTEN-GLACE
- 4 EL Dattelsirup (ersatzweise Honig)
- 2 Limetten
- etwas braunen Rum, nach Belieben

ANRICHTEN
- Schale von ½ Bio-Limette
- Dessertgewürz »Schokumami«

GEBACKENE BANANEN

Das Tempuramehl mit dem Schokumami vermischen. Das grob zerstoßene Eis und kaltes Wasser zugeben. Alles zusammen zu einem flüssigen Ausbackteig verrühren und einige Minuten ruhen lassen. Dieser Tempurateig muss für die Weiterverarbeitung sehr kalt sein. Währenddessen reichlich Pflanzenöl in einer hohen Pfanne erhitzen. Die Bananen schälen und je in 4 bis 5 beliebig große Stücke schneiden. Die Bananenstücke in dem Tempurateig wenden und schwimmend im heißen Pflanzenöl goldbraun ausbacken. Dabei nach Belieben noch etwas vom restlichen Ausbackteig über die Bananenstücke in das heiße Pflanzenöl träufeln. Die gebackenen Bananen mit einer Schaumkelle herausnehmen und kurz auf einem Küchentuch abtropfen lassen.

DATTEL-LIMETTEN-GLACE

Den Dattelsirup in einer Pfanne erhitzen und mit reichlich Limettensaft beträufeln. Nach Belieben mit etwas braunem Rum verfeinern. Alles gut verrühren und einmal aufkochen lassen.

Anrichten

Die gebackenen Bananen noch heiß auf 2 Teller verteilen und mit der Dattel-Limetten-Glace beträufeln. Dann mit einer Präzisionsreibe etwas frische Limettenschale darüberreiben und mit etwas Schokumami bestäuben.

Anrichten

Den Milchreis auf tiefe Teller verteilen. Die Sesam-Orangen darauf anrichten und genießen.

MILCHREIS

ZUTATEN FÜR 2 PERSONEN

MILCHREIS MIT KAROTTE

- 2 Karotten
- 30 g Butter
- 2 EL »Golden Milk – Tonka & Vanille«-Gewürzmischung
- 2 TL Honig
- 125 g Milchreis
- 500 ml Vollmilch

SESAM-ORANGEN

- 2 Bio-Orangen
- 20 g Butter
- 2 EL helle Sesamsamen
- 1 TL »Golden Milk – Tonka & Vanille«-Gewürzmischung
- 1 TL Honig

MILCHREIS MIT KAROTTE

Die Karotten schälen und mit einer Präzisionsreibe fein raspeln. Die Butter in einem Topf aufschäumen, die Karottenraspel zugeben und mit etwas Golden-Milk-Gewürzmischung bestäuben. Alles unter Rühren kurz anrösten, bis es aromatisch duftet. 1 TL Honig zufügen und karamellisieren. Den Milchreis zugeben und mit der Vollmilch auffüllen. Alles zusammen langsam aufkochen und zugedeckt bei milder Hitze so lange köcheln lassen, bis der Reis gar ist, aber noch leicht Biss hat. Den Milchreis mit Golden-Milk-Gewürzmischung und Honig abschmecken.

SESAM-ORANGEN

Etwa 1 TL Orangenschale fein abreiben und beiseitestellen. Von den Orangen oben und unten eine Scheibe abschneiden, sodass sie eine Standfläche haben. Jede Orange zum Filetieren auf eine der flachen Seiten stellen. Dann mit einem sehr scharfen Messer die Schale vorsichtig so dick abschneiden, dass die weiße Haut vollständig mit entfernt wird. Die Orange dann in die Hand nehmen und einzelne Orangenfilets mit einem Messer zwischen den Trennwänden herausschneiden. Den abtropfenden Saft auffangen und die Trennwände zum Schluss gut auspressen.

Die Butter in einem Topf aufschäumen. Den Sesam zugeben und etwas Golden-Milk-Gewürzmischung darüberstäuben und leicht anrösten. Den Honig und die geriebene Orangenschale hinzufügen und kurz karamellisieren. Dann mit dem Orangensaft ablöschen. Den Topf vom Herd nehmen und die Orangenfilets behutsam untermengen.

TOPFEN-SOUFFLÉ
mit Rhabarber und Erdbeeren

ZUTATEN FÜR 2 PERSONEN

RHABARBER-ERDBEER-RAGOUT MIT KIRSCHTOMATEN
- 2 Stangen frischer Rhabarber
- 25 g Butter
- 25 g Agavensirup
- 1 EL Pinienkerne
- 1 TL Germ-Hefe-Teig & Reindling Teiggewürz
- 1 EL Erdbeer-Fruchtpulver
- 100 g frische Erdbeeren
- 4 Kirschtomaten

TOPFEN-SOUFFLÉ
- 3 Eier
- 200 g Topfen (Speisequark), 20 % Fettanteil
- 2 EL Germ-Hefe-Teig & Reindling Teiggewürz
- 2 EL Zucker + etwas mehr

SÜSSE HEFEZOPF-CROÛTONS
- 100 g Hefe- oder Briochezopf, gerne vom Vortag
- 35 g Butter
- 1 TL Germ-Hefe-Teig & Reindling Teiggewürz

ANRICHTEN
- 1 EL Puderzucker
- 1 TL Erdbeer-Fruchtpulver

RHABARBER-ERDBEER-RAGOUT MIT KIRSCHTOMATEN

Die Rhabarberstangen putzen, dazu die Enden abtrennen und mit einem spitzen Messer die Schale abziehen. Den Rhabarber in etwa 1 cm große Stücke schneiden. Die Butter in einem Bräter oder in einem Topf erhitzen. Den Agavensirup zugeben und kurz karamellisieren. Die Rhabarberstücke und die Pinienkerne zugeben und andünsten. Dann mit dem Teiggewürz und dem Erdbeer-Fruchtpulver würzen und zugedeckt im eigenen Saft bissfest schmoren. Währenddessen die Erdbeeren putzen, in grobe Stücke schneiden und die Kirschtomaten vierteln. Beides in kleine ofenfeste Gratinformen verteilen und das heiße Rhabarber-Ragout darübergeben.

TOPFEN-SOUFFLÉ

Die Eier trennen. Das Eigelb mit dem Speisetopfen, dem Teiggewürz und 1 EL Zucker glatt rühren. Das Eiweiß zusammen mit 1 EL Zucker cremig aufschlagen, dann den restlichen Zucker zugeben und steif schlagen. Die Hälfte des Eischnees mit einem Schneebesen unter die Topfenmasse kräftig unterrühren. Den restlichen Eischnee mit einem Gummispatel locker unterheben. Die Topfenmasse auf dem Rhabarber-Erdbeer-Ragout verteilen und im vorgeheizten Backofen bei 250 °C (Oberhitze) 4–5 Minuten leicht goldbraun gratinieren. Dabei die Bräunung immer wieder kontrollieren, aber niemals die Backofentüre öffnen.

SÜSSE HEFEZOPF-CROÛTONS

Den Hefezopf in etwa 1 cm große Würfel schneiden. Die Butter in einer Pfanne aufschäumen und darin den Hefezopf anbraten. Dann mit dem Teiggewürz bestreuen und knusprig rösten, dabei öfters durchschwenken.

Anrichten

Den Puderzucker mit dem Erdbeer-Fruchtpulver vermischen. Das gratinierte Topfen-Soufflé aus dem Backofen nehmen, die Croûtons darübergeben und mit dem Erdbeerzucker leicht übersieben. Dann heiß servieren.

Hinweis

Der Teig reicht nicht ganz für ein großes Blech, das ist aber nicht schlimm.

Anrichten

Den Apfel-Heidelbeer-Kuchen in Stücke schneiden und nach Belieben mit einem Klecks Schlagsahne servieren. Lauwarm schmeckt der Kuchen am besten.

APFEL-HEIDELBEER-KUCHEN

ZUTATEN FÜR 1 BACKBLECH

TEIG
- 200 g weiche Butter
- 100 g Rohrohrzucker
- 1 TL Vanillezucker
- 1 Ei
- 250 g helles Weizen- oder Dinkelmehl

BELAG
- 3 süßsaure Äpfel, z. B. Boskop
- 220 g Heidelbeeren
- 200 g Apfelmus

MANDELSTREUSEL
- 150 g weiche Butter
- 150 g Rohrohrzucker
- 1 TL Vanillezucker
- 150 g helles Weizen- oder Dinkelmehl
- 150 g geriebene Mandelkerne

SERVIEREN
- Schlagsahne nach Belieben

TEIG

Die weiche Butter in die Rührschüssel der Küchenmaschine geben und zusammen mit dem Zucker und dem Vanillezucker cremig aufschlagen. Das Ei aufschlagen und unterrühren. Das Weizenmehl zugeben und langsam untermengen. Den Teig auf ein mit Backpapier belegtes Backblech geben und mit bemehlten Händen flach auseinanderdrücken oder mit einem Rollholz gleichmäßig ausrollen.

BELAG

Die Äpfel schälen, vierteln und das Kerngehäuse entfernen. Die Apfelviertel in Scheiben schneiden und den ungebackenen Kuchenboden damit belegen. Die Heidelbeeren darüberstreuen und das Apfelmus darüber verteilen.

MANDELSTREUSEL

Die weiche Butter, den Rohrohrzucker und den Vanillezucker in die Rührschüssel der Küchenmaschine geben und kurz verrühren. Das Weizenmehl und die geriebenen Mandelkerne zugeben und alles zu einem krümeligen Teig vermengen. Die Mandelstreusel über dem Belag verteilen. Den Apfel-Heidelbeer-Kuchen im vorgeheizten Backofen bei 175 °C (Umluft) etwa 40 Minuten goldbraun backen.

Danis Tipp: Je nach Saison schmeckt der Kuchen auch super mit Kirschen, Aprikosen, Rhabarber oder Birnen.

GEZOGENER APFELSTRUDEL

ZUTATEN FÜR 1 STRUDEL | 4 PERSONEN

STRUDELTEIG
- 300 g Weizenmehl Type 550 oder Type 700
- 170 ml lauwarmes Wasser
- 25 ml neutrales Pflanzenöl + etwas mehr zum Einölen
- 3 g Salz

APFELFÜLLUNG
- 4 süß-säuerliche Äpfel, z. B. Braeburn
- 50 g Rosinen oder Sultaninen, in Rum eingelegt
- 2 EL Pinienkerne, geröstet
- ½ Handvoll getrocknete Apfelchips, nach Belieben
- 1 TL Bratapfel-Gewürz
- 1 EL Bourbonvanillezucker
- ½ Bio-Zitrone

APFELSTRUDEL
- Strudelteig, Raumtemperatur (siehe Teilrezept)
- etwas Weizenmehl zum Arbeiten
- 75 g geschmolzene Butter
- Apfelfüllung (siehe Teilrezept)

ANRICHTEN
- etwas Puderzucker

STRUDELTEIG

Das Weizenmehl, das lauwarme Wasser, das Pflanzenöl und das Salz in die Rührschüssel der Küchenmaschine geben und mit den Knethaken etwa 5 Minuten zu einem geschmeidigen Teig verkneten. Ersatzweise den Strudelteig von Hand etwa 8–10 Minuten gut durchkneten. Den Teig mit etwas Pflanzenöl einreiben, in eine Schüssel legen und luftdicht verschlossen mindestens 30 Minuten in den Kühlschrank stellen. 1 Stunde vor der Weiterverarbeitung aus dem Kühlschrank nehmen und bei Raumtemperatur ruhen lassen.

APFELFÜLLUNG

Die Äpfel vierteln, schälen und das Kerngehäuse herausschneiden. Anschließend in dünne Scheiben hobeln. Die Rumrosinen grob hacken. Die Pinienkerne, die Apfelchips, das Bratapfelgewürz und den Vanillezucker zugeben und alles vermengen. Dann mit frisch geriebener Zitronenschale und frisch gepresstem Zitronensaft verfeinern und etwas ziehen lassen.

APFELSTRUDEL

Ein großes Strudeltuch, ersatzweise ein kleines Bettlaken, auf die Arbeitsfläche legen und mit Weizenmehl bestäuben. Den Strudelteig rundherum bemehlen und mit den Händen auf dem Strudeltuch behutsam und gleichmäßig dünn ausziehen. Die dickeren Ränder können später abgeschnitten werden. Den ausgezogenen Strudelteig mit geschmolzener Butter einstreichen und darauf die Apfelmischung flächig verteilen, dabei von allen Seiten etwa 8–10 cm frei lassen. Rundherum die dicken Teigränder abschneiden. Die seitlichen Teigränder über die Füllung schlagen und anschließend mithilfe des Strudeltuches zu einem Strudel aufrollen. Eine ofenfeste Form mit geschmolzener Butter ausfetten. Den Strudel mit der Teignaht nach unten und leicht zusammengerollt (wie eine Schnecke) hineinlegen. Den Apfelstrudel mit geschmolzener Butter bepinseln und im vorgeheizten Backofen bei 170 °C (Umluft) etwa 35 Minuten goldbraun backen.

Anrichten

Den Apfelstrudel leicht mit Puderzucker übersieben, in Stücke schneiden und am besten noch warm servieren.

Register

Aal	70
Ananas	111, 125
Apfel	30, 172, 186, 197, 198
Apfel-Heidelbeer-Kuchen	197
Apfelküchlein	30
Apfelstrudel	198
Arancini	25
Asiatische Suppe	69
Aubergine	41, 171
Avocado Roll	37
Avocado	37, 66, 80
Bananen	190
Bärlauch	180
Bierteig	30, 183
Bio-Sojasauce-Hollandaise	152
Blumenkohl	160
Blutwurstknödel	103
Bohnen-Paprika-Salat	58
Bosna	26
Bratapfel	186
Brösel-Kartoffeln	155
Bruschetta	29
Burger	112
Burrata	80
Butter-Blumenkohl	160
Calamari	145
Castellane	83
Champignons	117
Chicorée	94
Chinakohlsalat	97
Cima di Rapa	83
Cordon bleu	107
Curry	156
Erdäpfelblattln	180
Erdbeeren	194
Erdnuss	69, 112
Erdnusssauce	112
Faschingskrapfen	33
Fenchel	37, 126, 145
Fenchel-Kapern-Vinaigrette	37
Fischpflanzerl	138
Forelle	134
Fusilli	75
Garnelen	61, 146
Gerstlsuppe	70
Glasnudelsalat	53
Gorgonzola	164
Graukäse	167
Grießnockerl	175
Gröstl	100
Gurkensalat	104
Hackbällchen	111
Hackfleisch	69, 111
Haselnüsse	57
Huhn	90, 97
Hühnerbrust	94
Hühnersuppe	66
Hummus	45, 66
Kirschvinaigrette	42
Kohlrabi tonnato	133
Kohlrabi-Melonen-Salat	130
Korean Chicken	97
Kresse	38
Kumquats	90
Kürbis	145, 163
Kürbiskernöl	79
Lachs	129, 130
Lauch	168
Linsencreme	171
Mac and Cheese	84
Melonen-Avocado-Salat	61
Milchreis	193
Miso	90, 160
Mortadella	75
Mozzarella	25
Navetten	118
Nori-Zitronen-Mayo	138
Nudelsalat	49

Ofenpaprika	29
Oktopus	142
Paella	122
Pak Choi	62
Pancetta	58
Parmesan	21
Parmesan-Stangerl	21
Pasta	75, 76, 79, 80, 83, 84, 163
Petersilienkartoffeln	104
Pfefferkruste	108
Pistazien	75
Pizza Calzone	87
Polenta	65, 164
Polentasuppe	65
Popcorn-Vinaigrette	130
Puntalette	163
Raclette-Salat	50
Radicchio-Salat	57
Räuchercreme	54
Räucherforelle	65
Reis-Bowl	125
Rhabarber	194
Rib-Eye-Steak	108
Rindergulasch	118
Risotto	126, 167
Romanasalat	54
Rosenkohl	156
Rote Bete	45, 167, 172
Rote-Bete-Hummus	45
Rote-Bete-Risotto	167
Rote-Bete-Spätzle	172
Rührei	22
Safran	126
Safran-Fenchel-Risotto	126
Salami	57
Salzteig	179
Sauce hollandaise	152
Schlutzkrapfen	176
Schmorgemüse	90
Schneewittchen	38
Seezunge	141
Senf	26, 38, 180
Senfei	38
Senfmayo	180
Shakshuka	159

Soja-Lack	92
Soja-Mayo	155
Soja-Meerrettich-Marinade	134
Soja-Vinaigrette	53
Soufflé	194
Spaghetti Carbonara	76
Spaghettini	79
Spargel	152, 168
Speck	79, 156
Speck-Bierteig	30
Speckkartoffeln	141
Spinat	164
Steinbutt	126
Steinpilze	42, 183
Südtiroler Strauben	189
Summer Rolls	41
Süßkartoffel	53, 111
Süßkartoffelsuppe	62
Tempura-Zwiebeln	45
Asia-Salat	137
Thunfisch	125, 137
Tomaten	146, 175
Tomaten-Arme-Ritter	146
Tomatensalat	175
Topfen-Soufflé	194
Tortilla	168
Tramezzino	129
Venusmuscheln	62
Wachtel	93
Wachteleier	159
Walnüsse	172
Wiener Schnitzel	104
Ziegenmilch	183
Zucchini	41
Zwiebel	26, 179

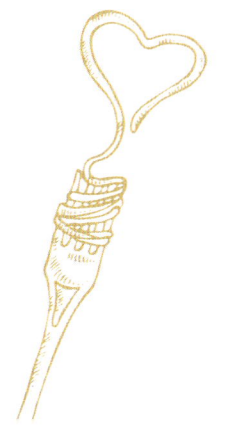

Produktempfehlungen

HANS REISETBAUER & ROLAND TRETTL

– Bio-Sojasauce

KATE & KON

– Rehpfeffersalami

KLOSTER KITCHEN

– Ingwer Shot
– Ingwer Shot Cranberry Meerrettich

REISETBAUER

– Williams Birnenbrand

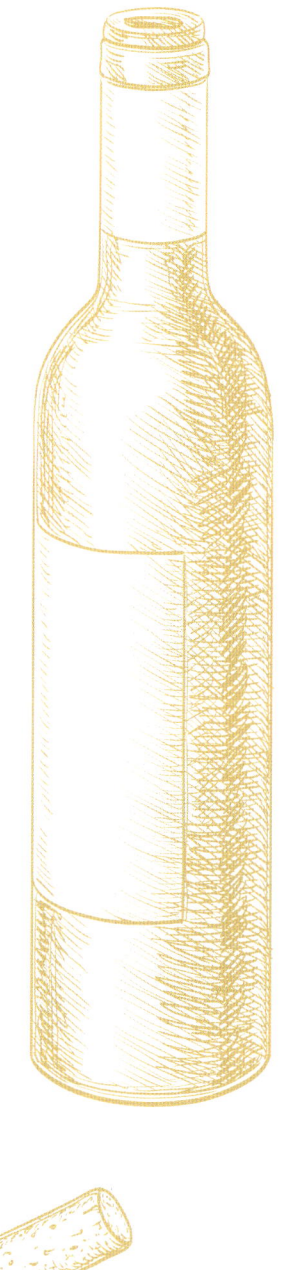

STAY SPICED! BY SPICEWORLD

- Ahornsirup-Granulat
- Alpenkräuter-Brotgewürzmischung
- Amore – Italienisches Lieblingsgewürz
- Ananas-Curry, fruchtig & mild
- Avocado – Guacamole & Dip Gewürz
- BOS!S-Curry-Gewürzmischung
- Bourbon Vanillezucker »Sugar & Spice«
- Bratapfel-Gewürzzucker (Dessert & Müsli Gewürz)
- Brotgewürz, gemahlen
- Bruschetta grüne Olive
- Bruschetta Verde
- Chakalaka-Gewürzzubereitung
- Chili-Salz, mittelscharf
- Chimichurri – Dip & Gewürz
- Christstollen Teig- & Backgewürz
- Dark Side of BBQ – Gewürzzubereitung
- Schokumami – Dessertgewürz
- Faschiertes – »Hack & Faschiertes«-Gewürzmischung
- »FREE Kräuter Fisch«-Gewürzmischung
- Fresh Garden – Gewürzmischung
- Germ-Hefe-Teig & Reindling Teiggewürz
- Golden Milk – Tonka & Vanille
- Gulasch Gewürz – klassische Mischung
- Halit – Die scharfe Flocke/Piment d'Espelette Gewürzsalz
- HE – Curry by Roland Trettl
- Knoblauch Kalifornisch, geschrotet
- Mediterran – Universalgewürz
- Meersalz, grob
- Paella – spanische Gewürzmischung
- Peperoncino-Chili ohne Saat
- Pfeffermischung »Schwarzes Gold«
- 8 Pfeffermischung Grand Cuvée
- Pimentòn de la Vera Doux
- Pimp my Pumpkin - Kürbisgewürz
- Raclette – Raclette & Käse/rauchiges Gewürz
- Rosen-Vanille-Salz
- Rote-Bete-Pulver, fein
- Senfkörner, goldgelb – ganz
- Steakpfeffer N°66
- Suppe – Basis Suppe
- Umami-Gewürzzubereitung

Impressum

1. Auflage © 2022 by Südwest Verlag, einem Unternehmen der Penguin Random House Verlagsgruppe GmbH, Neumarkter Straße 28, 81637 München

Die Verwertung der Texte und Bilder, auch auszugsweise, ist ohne Zustimmung des Verlags urheberrechtswidrig und strafbar. Dies gilt auch für Vervielfältigungen, Übersetzungen, Mikroverfilmung und für die Verarbeitung mit elektronischen Systemen.

Sollte diese Publikation Links auf Webseiten Dritter enthalten, so übernehmen wir für deren Inhalte keine Haftung, da wir uns diese nicht zu eigen machen, sondern lediglich auf deren Stand zum Zeitpunkt der Erstveröffentlichung verweisen.

Hinweis: Die Ratschläge/Informationen in diesem Buch sind von Autorin und Autor und Verlag sorgfältig erwogen und geprüft, dennoch kann eine Garantie nicht übernommen werden. Eine Haftung der Autoren beziehungsweise des Verlags und seiner Beauftragten für Personen-, Sach- und Vermögensschäden ist ausgeschlossen.

Projektleitung: Dr. Harald Kämmerer
Management Roland Trettl und Projektkoordination: Petra Mauß und Shilan Maroofi, Pool Position Management GmbH
Koordination Texte und Fotos: Andreas Thalmayr, Team-Trettl GmbH
Interview Vorwort: Christian Seiler
Rezepttexte: Irmi Rumberger
Textredaktion: Susanne Schneider
Bildredaktion: Sabine Kestler
Peoplebilder: Friedrich Hauswirth/Bazzoka Creative GmbH
Rezeptbilder: Roland Trettl
Illustrationen: OH, JA! (www.oh-ja.com) unter Verwendung von Bildmaterial von shutterstock
Umschlaggestaltung, Innenlayout, Satz: OH, JA! (www.oh-ja.com)
Herstellung: Elke Cramer
Reproduktion, Druck & Bindung: Mohn Media Mohndruck GmbH, Gütersloh

Printed in Germany

Penguin Random House Verlagsgruppe FSC® N001967

ISBN 978-3-517-10186-6